BEI GRIN MACHT SI
WISSEN BEZAHLT

- Wir veröffentlichen Ihre Hausarbeit,
  Bachelor- und Masterarbeit

- Ihr eigenes eBook und Buch -
  weltweit in allen wichtigen Shops

- Verdienen Sie an jedem Verkauf

Jetzt bei www.GRIN.com hochladen
und kostenlos publizieren

Ina Frank

Macht Moral glücklich?

GRIN Verlag

Bibliografische Information der Deutschen Nationalbibliothek:

Die Deutsche Bibliothek verzeichnet diese Publikation in der Deutschen National-
bibliografie; detaillierte bibliografische Daten sind im Internet über http://dnb.d-
nb.de/ abrufbar.

Impressum:

Copyright © 2013 GRIN Verlag GmbH
Druck und Bindung: Books on Demand GmbH, Norderstedt Germany
ISBN: 978-3-656-57972-4

Dieses Buch bei GRIN:

http://www.grin.com/de/e-book/267891/macht-moral-gluecklich

GRIN - Your knowledge has value

Der GRIN Verlag publiziert seit 1998 wissenschaftliche Arbeiten von Studenten, Hochschullehrern und anderen Akademikern als eBook und gedrucktes Buch. Die Verlagswebsite www.grin.com ist die ideale Plattform zur Veröffentlichung von Hausarbeiten, Abschlussarbeiten, wissenschaftlichen Aufsätzen, Dissertationen und Fachbüchern.

Besuchen Sie uns im Internet:

http://www.grin.com/

http://www.facebook.com/grincom

http://www.twitter.com/grin_com

Katholisch-theologische Fakultät
Lehrstuhl für Christliche Sozialethik
WS 2013/14

Universität
Augsburg
University

Bachelorarbeit
zum Thema

Macht Moral glücklich?

8. Fachsemester
Lehramt Hauptschule (modularisiert)

Inhaltsverzeichnis:

1. Einleitung

„Es gibt nichts Gutes, außer man tut es."

(Erich Kästner)

In der griechischen Antike antwortete man auf die Frage „Geht es dir gut?" mit „Ja, ich handle gut." Die Griechen unterschieden nämlich nicht zwischen „Gutsein" und „Glücklichsein". Das Glück als Gefühlskomponente und das Gute als tugendhafte Lebenseinstellung fielen bereits damals zusammen. Glück ist demnach etwas, was jeder Einzelne sucht und erstrebt. Dabei genügt es schon, sich Dinge bewusst zu machen, die man eigentlich für etwas ganz Selbstverständliches hält, die jedoch ausschlaggebend für das Wohlbefinden eines jeden Individuums sind. Für unser allgemeines Wohlergehen benötigen wir nicht zwangsweise eine Religion, oft genügt vielleicht auch schon die Einhaltung einiger moralischer Prinzipien, die sich mit der Zeit in unserer Gesellschaft entwickelt und etabliert haben. Sehr oft werden wir jedoch mit Moralproblemen[1] konfrontiert, die es dann „richtig" zu lösen gilt.

Stellen wir uns folgende Situation vor: Ein Zug rast ohne zu bremsen auf eine Gruppe von fünf Gleisarbeitern zu. Sie haben jedoch die Möglichkeit, eine Weiche zu stellen und so den „Horrorzug" auf ein Gleis zu lenken, an dem nur eine einzige Person am Arbeiten ist.[2] Würden Sie nun den Einzelnen opfern, um die fünfköpfige Gruppe zu retten? Vermutlich schon. Aber warum? Welche Entscheidung ist in diesem Fall die richtige? Können solche Fragen von der Wissenschaft allein beantwortet werden? Oder wie kann bewiesen werden, dass die eine Entscheidung richtiger und somit besser ist als die andere?

In der folgenden Arbeit soll zunächst erläutert werden, was unter „Glück" und „Moral" zu verstehen ist. Im Anschluss daran sollen unterschiedliche philosophische und wissenschaftliche Ideen aufzeigen, was unter dem „Guten" und dem „Bösen" verstanden wird. Danach werde ich darauf eingehen, inwiefern ein moralisches Verhalten bereits angeboren ist bzw. wie sich dieses im Laufe des Erwachsenwerdens im Hinblick auf unsere Gesellschaft und deren herrschenden Gesetzte entwickelt. Anschließend werde ich ver-

---

[1] Probleme, die dann entstehen, wenn die Anforderungen der Gleichheit und der emotionalen Bindung zusammenprallen. (Nagl-Docekal/Pauer-Studer 1993:76)

[2] Vgl. Dworkin, Ronald (2012): Gerechtigkeit für Igel, S. 496 f.

schiedene Ansichten darüber zusammenzufassen, aus welchen Motiven und Trieben heraus wir Menschen (moralisch) handeln, und hinterfragen, ob es uns dabei ausschließlich um das einzelne Individuum geht oder andere Beweggründe dafür im Vordergrund stehen. Im vorletzten Kapitel unternehme ich den Versuch, die Frage „Macht uns die Moral zu einem glücklichen Menschen?" unter verschiedenen Gesichtspunkten zu beantworten, um anschließend einen Überblick darüber geben, welche Antworten und Ergebnisse meine eigene Befragung einiger Leute rund um das Thema Glück lieferte und inwieweit diese relevant für das allgemeine Verständnis unserer Moral sind. Ist es nun also die Moral, die uns letzten Endes zu einem glücklichen Menschen macht und lassen sich die Auffassungen unserer antiken Philosophen auch noch in unserem heutigen Kontext realisieren? Reicht es für das menschliche Glück aus, moralisch richtig zu handeln? Erreichen wir somit unsere Glückseligkeit, die unser höchstes Lebensziel darstellt?

Bei dem Versuch, diese Frage zu beantworten, werde ich allgemein gültige Wahrheiten und Ansätze so darstellen, wie ich sie verstanden und gedeutet habe. Dabei stütze ich mich im Wesentlichen auf eine idealtypische Darstellung von namhaften Philosophen wie Platon, Aristoteles, Kant, Nietzsche u.a.

2. Glück

Schon seit der Antike wird das Glück als das höchste Ziel oder Gut bezeichnet. Im Gegensatz zu dem im Alltag verwendeten Glücksbegriff meint der philosophische weder einen viel versprechenden Zufall noch eine in diesem Moment ideale Gemütsverfassung, die jeweils aus der Befriedigung von Wünschen und Bedürfnissen hervorgeht. Ganz allgemein veranschaulicht der philosophische Begriff des Glücks einen Typus der Zufriedenheit, die aus dem Handeln und Tun des Menschen hervorgeht und längerfristig weiterbesteht.

In diesem Kapitel soll zunächst ein allgemeines Verständnis des „Glücks" kurz definiert werden, um im Anschluss daran das Glücksverständnis, wie es Platon, Aristoteles und Kant besitzen, zu veranschaulichen.

Nach Rudolf Ginters kann das Glück erstens als ein *Glückserlebnis* verstanden werden, was eine plötzliche, unerwartete, große und intensive Freude meint, wie beispielsweise das Glück eines Olympiasiegers, der sein Glück noch gar nicht zu fassen vermag. Auch das Glück, das in der ersten großen Liebe erfahrbar wird, gilt als ein rein emotionales Glück. Glücksmomente können wir innerhalb einer kurzen Zeitdauern (engl. *pleasure)* empfinden, wie beispielsweise während des Essens und in Umgebung von Freunden.

Zweitens kann derjenige glücklich im Sinne eines andauernden *Glückszustands* bezeichnet werden, der im Rückblick auf sein bisher geführtes Leben eine begründete, überaktuelle Zufriedenheit mit seinem Leben als Ganzes erlangt. Im Gegensatz zum Glückserlebnis kann hier also von einem dauerhaftes Glücksgefühl (engl. *happiness)* Als Beispiel dient hier ein Ehepaar, das im Alter auf ihren gemeinsamen Lebensweg, geprägt von guten wie schlechten Tagen, Erfolg und Misserfolg sowie Gesundheit und Krankheit, zurückblickt. Durch die Tatsache, dass die erlangte Zufriedenheit „begründet" sein muss, werden Personen, die euphorische Zustände durch seelische Krankheit oder durch das „Glück" des betrogenen Ehepartners erreichen, automatisch außer Acht gelassen. Das „Glück" in seinem zweiten Sinne meint also die subjektive Zufriedenheit sowie ihre objektive Begründung in der Wirklichkeit. Seit der Antike bis heute meint das „Glück" den objektiven Besitz des erreichbaren Guten. Drittens kann das „Glück" der *Inbegriff alles für den Menschen realisierbaren Guten* bedeuten, sofern dieses auf den Menschen, d.h. hinsichtlich des sittlich und nicht-sittlich Guten, bezogen wird. Ganz bedeutend ist hier der objektive Charakter, also der Besitz des höchsten Guten (*beatitudo*) und nicht die subjektive Freude oder Zufriedenheit, die automatisch daraus folgt (*felicitas*). Als viertes verstehen wir das „Glück" als den *Inbegriff des Wohls des Menschen*, d.h. das für den Menschen erreichbar Guten in Betracht auf das nicht-sittliche Gute bzw. auf die nicht-sittlichen Glücksgüter. Im Unterschied zur Moralität wird dieses Glück auch das menschliche „Wohl" genannt.[3]

Ganz bewusst habe ich eine Definition des Glücks im Sinne von „Glück haben" außer Acht gelassen, da ich der Meinung bin, dass auch unglückliche Menschen bisweilen das Glück erfahren können, beispielsweise im Lotto zu gewinnen.

2.1 Platon

Glück ist entsprechend dem Menschenbild Platons in dreifacher Weise möglich: Zum einem als erfülltes Leben in der griechischen *Polis*[4], zum anderen im Sinne eines umfassend gebildeten und tugendhaften Menschen und zuletzt als Teilhabe am beständigen Glück schlechthin: dem *Agathon*[5]. Eine erste philosophische Begründung des Glücks erlangt Platon mit seinem bildhaften Entwurf im „Höhlengleichnis". Im scheinbaren Glück materieller Glücksgüter suchen wir Menschen vergeblich nach dem uns zugedachten Glück. Um uns wirklich als glücklich bezeichnen zu dürfen, benötigen wir zunächst die Erkenntnis und das Wissens über die Unvollkommenheit sowie Unzugänglichkeit menschlicher Glücksbestrebungen. Weiterhin bedarf es der Umkehr in das eigene, geistige Innere. Dort sollen wir Menschen die nach umfassender Selbsterkenntnis bisher nach draußen projizierten Götterbilder als Wegweiser zum Glück des Guten und Schönen, das außerhalb unserer menschlichen Seele liegt, nutzen. Die Tatsache, dass das Gute erkannt werden kann, ist das Ergebnis und zugleich die Voraussetzung des Höhlengleichnisses. Ohne dieses würde sich ein Ausstieg aus der Höhle gar nicht erst lohnen.[6] Indem das subjektive Innere, d.h. das eigene Denken, Fühlen und Wollen überschritten wird, erlangt ein Mensch den Teil der Eudaimonie[7], die ihm diese Güter spenden. Dadurch gestaltet sich außerdem das innere einer Person um. Sie erhält das für das

---

[3] Vgl. Ginters, Rudolf (1982): Werte und Normen. Einführung in die philosophische und theologische Ethik, S. 222 ff.

[4] griech. Polis = der Stadtstaat

[5] griech. Agathon = das Gute

[6] Vgl. Szlezák, Thomas Alexander: Das Höhengleichnis, In: Höffe, Ottfried (2005): Politeia, S. 216

[7] Glückseligkeit

Glück unabdingbare Wissen und eine Fähigkeit, die Platon „edle und schöne Menschlichkeit" nennt. Mit dieser ist es dem Menschen möglich, seinen eigenen Geist und Körper so auszubilden, dass ihm ein glückliches Leben sowohl für sich selbst als auch für seine Mitmenschen gelingt. Der Sinn und Zweck dieses philosophischen Bildungsweges liegt darin, Staatsherrscher zu finden, die nicht wie die „normalen" Menschen, im Unklaren über die Idee des Guten sind. Sie werden geradezu zum Ankommen beim Guten gezwungen, um vor allem im politischen Bereich Dinge unendlich viel klarer zu sehen als die durchschnittlichen Menschen. Platon versucht, die Frage nach dem objektiv guten Leben unter Bezugnahme auf eine von der Erfahrungswirklichkeit losgelösten Idee des Guten zu beantworten.[8] Was das Gute für Platon genau bedeutet, werde ich unter dem Punkt 3.3 der Arbeit noch näher erläutern. Robert Speamann meint *„das Glück ist [für Platon] nicht Reichtum und Besitz, sondern in der Seele und in der seelischen Haltung des Menschen begründet. Ruhm und Reichtum ohne verständige Einsicht sind 'unsicherer Besitz'."* (Speamann 2009:52)

2.2 Aristoteles

Das höchste Gut oder Glück besitzt laut Aristoteles drei Eigenschaften: Erstens stellt das höchste Gut das alleinige Ziel allen menschlichen Handelns dar. Es wird stets um seiner selbst willen, niemals um des eines anderen angestrebt. Zweitens erweist sich das Glück als „autark". Damit meint er, dass jeder, der dieses Gut sein Eigen nennen kann, kein anderes benötigt. Als Drittes nimmt er an, dass der Mensch von Natur aus nach einem Gut strebt, in dem dieser seine Vollendung findet und das unüberbietbar ist. Aus diesen drei Eigenschaften lässt sich schließen, dass Aristoteles der Ansicht ist, neben diesem höchsten Gut könne es niemals ein anderes Gut geben. Die Eigenschaft, das Erstrebenswerte schlechthin zu sein, bedeutet für ihn, dass neben diesem höchsten Gut auch keine weiteren *intrinsische* Güter existieren können. Allerdings schließt sie nicht aus, dass es neben dem höchsten Glück noch andere Güter gibt, die in einem instrumentellen Verhältnis zu dem höchsten Gut stehen. Aristoteles meint, die intrinsischen Güter seien Güter „*im*" Glück, d.h. sie sind als Konstituenten oder Teile des Glücks zu verstehen. Folglich habe Aristoteles, nach Stemmer und anderen Interpreten, einen „*kompre-*

---

[8] Vgl. Szlezák, Thomas Alexander: Das Höhengleichnis, In: Höffe, Ottfried (2005): Politeia, S. 218 f.

hensiven" bzw. *„inklusiven"* Glücksbegriff konzipiert, der alle um ihrer selbst Willen erstrebenswerten Güter umfasst.[9]

Ackrill vertritt aber nun die Ansicht, Aristoteles glaube an eine inklusive Konzeption, da es seiner Meinung nach noch weitere Ziele gebe, die um ihrer selbst willen angestrebt werden. Wenn Aristoteles in seiner *Topik*[10] schreibt, dass ein Ziel um ein anderes Ziel wegen angestrebt wird, so bedeutet das nicht notwendigerweise, dass ein Ziel A nur Mittel um das Ziel B zu erreichen sei, sondern dass das Ziel A ein wesentlicher Bestandteil des Ziels B sei. Die Eudaimonia wäre demzufolge ein zusammengesetztes, *inklusives* Gut, das ein aus der Gesamtsumme der intrinsischen Güter konstituiertes Gesamtgut darstellt.[11]

Laut Aristoteles wird das Glück durch eine rationale Tätigkeit der Seele nach allen Grundprinzipien der Tugenden erreicht, d.h. durch die Tätigkeit des menschlichen Bewusstseins hinsichtlich rein immaterieller Dinge.[12] In der *Nikomachischen Ethik*[13] heißt es, dass der Mensch in der Eudaimonie, die absolut frei von äußeren Umständen ist, das Endziel seines Strebens findet. Um das Gute der Seele besser bestimmen zu können, unterschied Aristoteles die *diaonëthische* Tugenden von den *ethischen*. Erstere haben ihren Ursprung in der reinen Vernunftausübung, wobei Aristoteles hier wieder zwischen *praktischer* und *theoretischer* Vernunft unterscheidet. Allein die *phrónesis* (Klugheit) ist hier für ein ethisches Handeln entscheidend. Die ethischen Tugenden findet eine Person bereits in der bestehenden, gesellschaftlichen sowie staatlichen Ordnung vor, deren Gültigkeit sie durch die Tradition erhalten. Schon allein das Einüben in die in der Polis bestehenden Werte und Normen ist, laut Aristoteles, ein wichtiger Teil der sittlichen Formung eines Menschen. Doch erst durch die Kombination von den ethischen Tugenden mit der Klugheit entspringt die sittliche Haltung einer Person. Denn die Aufgabe der Klugheit besteht bei Aristoteles darin, richtige Wege und Mittel zu erkennen, die zum Guten bzw. zum Glück führen, während die ethischen Tugenden das anzustrebende Ziel vorgeben.[14] Das Zusammenspiel der beiden Tugendarten bestimmt den Willen (*búlesis*)

---

[9] Vgl. Stemmer, Peter: Aristoteles′ Glücksbegriff in der Nikomachischen Ethik, S. 86

[10] Das fünfte und vorletzte Buch des Organon, einer Zusammenstellung von Schriften Aristoteles′

[11] Vgl. Stemmer, Peter: Aristoteles′ Glücksbegriff in der Nikomachischen Ethik, S. 85 f.

[12] Vgl. Prechtl, Peter/Burkhard, Franz-Peter (Hrsg./2008): Metzler Lexikon; Philosophie, S. 220

[13] Eine der bedeutendsten drei unter dem Namen des Aristoteles überlieferten, ethischen Schriften

[14] Vgl. Forschner, Maximilian (1996): Über das Glück des Menschen, S.42

in die Richtung des Guten. Somit wird das natürliche Streben geformt und menschliche Leidenschaften (Affekte) bezwungen. Dabei steht die Freiheit des Willens ganz außer Frage. Ganz besonders muss betont werden, dass Aristoteles der Meinung war, die sittliche Haltung (*héxis*) entspringe nicht allein aus der Einsicht, sondern würde erst durch die Praxis erworben werden, d.h. also durch Lernen, Üben und Gewohnheit. Aufgrund dessen richtet sich eine nähere Bestimmung der Tugend ganz nach dem Vorbild und Urteil von bereits Erfahrenem. Die ethischen Tugenden werden weiterhin als die Mitte (*mesótes*) falscher Gegensätze bestimmt, also beispielsweise die Tapferkeit (Tollkühnheit - Feigheit), die Mäßigung (Stumpfheit - Wollust) sowie die Großzügigkeit (Verschwendung - Geiz). Eine besondere Aufmerksamkeit wird der Gerechtigkeit geschenkt, welche die ansehnlichste Tugend in Hinsicht auf das Gemeinschaftswohl ist. *Austeilend* sorgt diese für eine gerechte Vergabe von gesellschaftlichen Ehren und Gütern, während sie *ausgleichend* für eine Regulierung und Korrektur erlittener Schäden sorgt. Auch die Freundschaft, in der eine Person sich vom Einzelwesen zu einem Gemeinschaftsmitglied entwickelt, wird von Aristoteles als eine Tugend anerkannt.[15] Für den jungen Menschen bedeutet die Freundschaft eine Hilfe, „*damit er keine Fehler begeht, dem Greis verhilft sie zur Pflege und ergänzt, wo er aus Schwäche nicht zu handeln vermag, den Erwachsenen unterstützt sie zu edlen Taten; denn ‚zwei miteinander' sind tauglicher zu denken und zu handeln.*" (NE, VIII. 1.,1155 a 13—15)

Insgesamt lassen sich als drei zentrale Aussagen Aristoteles´ zusammenfassen: Erstens, existiert ein Plural an intrinsischer Güter. Zweitens, stellt das Glück das zu erstrebenswerte Gut dar, neben dem keine intrinsischen Güter existieren können. Und drittens, ist das Glück als seelisches Gut zu verstehen, nicht als Besitzt, sondern als Praxis, die allein im Tätigsein nach der besten Arete.[16]

2.3 Kant

Immanuel Kant konnte den antiken Glückstheorien absolut nicht beipflichten. Der Glücksbegriff war für ihn zu unbestimmt, um jegliche ethische und moralische Fragen beantworten zu können, da alle Faktoren in Verbindung mit dem Glück bzw. der Glückseligkeit empirisch sind. Zur Zeit der Aufklärung verlor auch eine christlich-religiöse

---

[15] Vgl. Burkard, Franz-Peter/Kunzmann, Peter/Wiemann, Franz (2009): dtv-Atlas Philosophie, S. 51

[16] Vgl. Stemmer, Peter: Aristoteles´ Glücksbegriff in der Nikomachischen Ethik, S. 94

Idee für Kant immer mehr an Überzeugungskraft. Durch die Zunahme in das Vertrauen der menschlichen Vernunft wurde ebenso von der Moral verlangt, sich der Vernunft und dem Verstand zu stellen. Es reichte nicht aus, das Verständnis von Gutem und Bösen sowie die Begründung eines moralischen Verhaltens aus der reinen Offenbarung Gottes zu entnehmen. Kant lehnt einen metaphysischen oder religiösen Ursprung für die Gültigkeit moralischer Gebote ab. Die praktische Vernunft gibt, genauso wie die menschliche, theoretische Vernunft, a priori[17] geltende moralische Prinzipien vor, die einem menschlichen Streben nach der Glückseligkeit dienlich sind. Die Ansicht, dass sich die menschliche Natur von Grund auf nicht für moralisches Verhalten eignet, teil Kant mit der christlichen Auffassung. Er begründet dies allerdings nicht mit der Sündhaftigkeit des Menschen, sondern mit Hilfe der Unterscheidung von natürlichen und moralischen Normen und Regeln. Der Unterschied liegt seiner Meinung nach darin, dass alle natürlichen Dinge den Naturgesetzen folgen müssen, während das Vernunftwesen Mensch wählen kann, moralische Gesetze zu befolgen oder abzulehnen. Dies hat laut Kant die Folge, dass keine allgemein gültigen, moralische Gesetze formuliert werden können. Wendet man den Fokus auf die Wünsche und Interessen sowie auf die Ideale vom guten Leben und Glück eines Menschen, so kann erkannt werden, dass diese sehr individuell, veränderbar und voller Widersprüche sind und aufgrund dessen eine allgemeine Formulierung eines Gesetzes für die Berücksichtigung aller Menschen gar unmöglich ist. Kant meint, ein moralisches Gesetz wird nur aus dem Grund als objektiv notwendig gedacht, weil es für jede einzelne Person, die Vernunft und Wille besitzt, gelten soll.[18] Kant ist der Ansicht, dass eine Pflicht die Naturnotwendigkeit ersetze, die das Handeln und Wollen eines Menschen quasi dazu nötigt, moralische Gesetze, die sich aus der Vernunft heraus entwickeln, zu beachten. Dabei ist es auch möglich, dass bestrebte Handlungen ganz zufällig mit den Vorschriften übereinstimmen. Das konkrete *Sollen* entspringt der Form des Imperativs, bei dem Kant zwischen dem *hypothetischen* und *kategorischen* unterscheidet. Die erst genannter Art sprechen dabei nur bedingt ein wirkliches Sollen aus. Dagegen macht der Kategorische Imperativ ein Gesetz zu einer absolut formal gültigen Norm. Kant formuliert wie folgt:

---

[17] von der Erfahrung oder Wahrnehmung unabhängig; aus der Vernunft durch logisches Schließen gewonnen; aus Vernunftgründen

[18] Vgl. Baurmann, Michael/Kliemt, Hartmut (2011): Texte und Materialien für den Unterricht; Glück und Moral, S. 113

„Handle so, daß die Maxime deines Willens jederzeit zugleich als Prinzip einer allgemeinen Gesetzgebung gelten können. " (Kant 2000:51)

Maxime stellen subjektive Grundsätze dar, die als Bestimmungsgründe des Willens dessen Wert und somit den Handlungswert überhaupt ausmacht. Sie sind erst dann sittlich gut, wenn sie die formalen Kriterien des Kategorischen Imperativs entsprechen. Ihre Beschaffenheit muss genau abgegrenzt werden, damit sie eine Gültigkeit für alle Menschen erhalten. Beispielsweise genügt demjenigen die Maxime nicht, der nach dieser lügen dürfte, da man somit wollen würde, dass alle lügen. Dieser Satz des Kategorischen Imperativs gilt als höchstes Prinzip in der Kantischen Philosophie, denn nur die Vernunft wird der Pflicht ihrer eigenen Gesetzgebung unterstellt, was bedeutet, dass sie autonom und damit selbst-gesetzgebend ist.

Nach Kant unterscheidet sich der gute Wille von einem pathologischen auf die Weise, dass dieser nicht sinnlich bedingt ist, sondern seine Motivation in der Achtung der Gesetze liegt. Durch diese Achtung wird das Handlungsmotiv der Selbstliebe eingeschränkt und gilt folglich selbst als das eigentliche moralische Gefühl.[19] Da auch der gute Wille anderer Personen als ein autonomer Wille geachtet werden soll, lautet eine weitere Abfassung des Kategorischen Imperativs

„Handle so, daß du die Menschheit, sowohl in deiner Person als in der Person eines jeden andern, jederzeit zugleich als Zweck, niemals bloß als Mittel brauchst. "
(Kant 2000:61)

Ein moralisches Gesetz als Kategorischer Imperativ verlangt eine Befolgung, die dem reinen Selbstzweck dient und demnach in keinem Fall dem Zweck, andere Güter zu erlangen. Dagegen stellen hypothetische Imperative eben genau dieses Mittel zum Zweck dar. Demnach, meint Kant, können moralische Gebote niemals hypothetische Imperative sein, da diese ausschließliche ihrem eigenen und schon gar nicht dem Zweck bzw. für das Glück eines anderen nützlich sind. Die Pflicht darf also nur um ihrer Pflicht Willen getan werden.

In Kants Augen ist es eine unbegründete Hoffnung, die Glückseligkeit in einem tugendhaften Leben zu finden, wie bislang die antiken Moralphilosophen der Meinung sind.

---

[19] Vgl. Burkard, Franz-Peter/Kunzmann, Peter/Wiemann, Franz (2009): dtv-Atlas Philosophie, S. 143

Wenn nun aber ein tugendhaftes Leben nicht auch das Glück verspricht, wie erreichen wir Menschen nun dann nach kantischer Auffassung unsere Eudaimonie? Oder was motiviert und dann überhaupt dazu, moralisch zu handeln, wenn uns nicht zugleich etwas Glück versprochen wird?

Kant lehnt nicht ab, dass das Streben nach Glück einen unveränderlichen Bestandteil der menschlichen Natur ausmacht. Eben nicht alles menschliche Verhalten lässt sich durch die Abhängigkeit vom Naturgesetz erklären, nach dem wir bestimmten Neigungen und Trieben folgen. Kant meint, der Mensch sei nicht nur ein Wesen, das empirischen Triebfedern und Naturgesetzen unterworfen ist, sondern ebenso ein Individuum, das einen freien Willen besitzt. Autonomie und Selbstbestimmung bedeuten daher *„Freiheit und Unabhängigkeit von dem Mechanismus der ganzen Natur."* (Kant 1998:155) Die Unabhängigkeit meint vor allem diejenige von den Neigungen, denn *„Neigung ist blind und knechtisch, sie mag nun gutartig sein oder nicht."*(Kant 1998:118) Aufgrund dessen muss nach Kant eben jede Tugendlehre abgelehnt werden, die in menschlichen Neigungen eine moralisch richtiges Handeln verankern will.

Was bewegt uns Menschen aber jetzt genau dazu, die eigene Autonomie und Selbstbestimmung dafür einzusetzen, um den moralischen Bestimmungen zu gehorchen und gleichzeitig gegen unsere Natur und unseren menschlichen Neigungen zu handeln?

Kants Antwort auf diese Frage liegt in unserem Vernunftvermögen bzw. an dem Wohlwollen und der Lust unsere Pflichten zu erfüllen. Er geht also davon aus, dass seinen formulierten Imperativen eine motivierende Kraft zugrunde liegt, von der er ausgeht, sie würde für den Menschen ein klares Motiv für moralisches Handeln bedeuten, das wirksam ist, sich jedoch von jeglichen empirischen Handlungstrieben und Motiven grundlegend unterscheidet. Das Individuum folgt demnach nicht den natürlichen Gesetzmäßigkeiten, sondern den Gesetzmäßigkeiten seiner (eigenen) Vernunft.[20]

Da die Glückseligkeit zum vollkommen, glücklichen Leben eines jeden Menschen dazu gehört, schließt Kant daraus, dass sich jedes Individuum, falls dieses sich allen moralischen Gesetzten gemäß verhält, erhoffen kann, der absoluten Glückseligkeit auch würdig zu sein.

In vergangenen Jahren entstanden in der Philosophie immer wieder neue Diskussionen über die Frage nach einen guten Leben bzw. dem glücklichen Leben, worunter wir im

---

[20] Vgl. Baurmann, Michael/Kliemt, Hartmut (2011): Texte und Materialien für den Unterricht; Glück und Moral, S. 114-118

Alltag meist Gleichgewicht, Entspannung und Übereinstimmung verstehen. Ähnlich ist dies bei der Rede über ein gelungenes Leben, worin ein Individuum exakt das Lebensziel erreicht, das er sich zu erreichen gewünscht hat. In der Philosophie geht es eher um die Formalien, d.h. Voraussetzungen und Bedingungen eines Guten oder geglückten Lebens.

Allgemein ist die Frage nach dem Glück nicht nur aufgrund der Wiederentdeckung, sondern auch wegen ihrer Problematik, ein immer wiederkehrendes Thema, das versucht wird von der Philosophie unter Berücksichtigung der Prämissen des zeitgemäßen Freiheitsbegriffs zu beantworten.

Eine Ethik, wie auch die kantische, die moralische Prinzipien zugunsten des eigenen Selbstzwecks unabhängig von eventueller Konsequenzen befolgt, wird als *deontologisch*[21] bezeichnet, die zweckbezogene hingegen *teleologisch*[22] genannt. Die Richtigkeit einer solchen Ethik hängt von der Auffassung zu erwartender Folgen bzw. Konsequenzen ab. Menschliche Neigungen und Wünsche treten in den Vordergrund, womit diese Ehik wieder an der antiken Ethik oder an der Vereinbarkeit von Glück und Moral anknüpft. Allerdings unterscheidet sich diese Konzeption von der antiken. Hier wird nicht nach speziellen Tugenden gesucht, die es einem Menschen ermöglichen, glücklich zu sein, indem er sich moralisch verhält. Doch die Idee, dass die Glückseligkeit im moralischen Handeln erlangt werden kann, wird nun nicht mehr vertreten. Das wird dadurch eindeutig, dass die Moral zu einem Zweckmittel wird und nicht länger das Ziel selbst darstellt. Somit ist die Moral der Endzweck allen Handelns, in der Annahme, Glück und Moral sind analog vorhanden. Kants Ethik der Vernunft verlangt dagegen eine ganz strikte Trennung. Er sagt, insofern die Moral nur um ihrer selbst willen bestrebt wird, gilt sie als Selbstzweck. Innerhalb der teleologischen Glücksethik ist diese jedoch Helfer des Glücks, d.h. Moral ist nur noch ein Mittel zum Zweck und wird als eine Art Instrument sowohl an den Menschen als auch an dessen Ziele angepasst.

Innerhalb einer teleologischen Ethik wird im Bezug auf die moralische Rechtfertigung angestrebter Ziele zwischen *kollektiven* und *individuellen* unterschieden. Während bei

---

[21] griech. deon = Pflicht

[22] griech. telos = Zweck

den kollektiven die Mehrung eines gemeinsamen Glücks im Vordergrund steht, wird von den individuellen eine gewisse Minimalmoral bestrebt.[23]

3. Moralität

Den Begriff „Moral" zu definieren, ist keinesfalls eine leichte Aufgabe. Generell geht es viel weniger um die Frage, um welche moralischen Werte und Normen es sich handelt, als viel mehr darum, warum man sich nach diesen (falls ihre Gültigkeit gegeben ist) richten soll. Allerdings kann das „Warum" nur dann beantwortet werden, wenn genügend Klarheit darüber herrscht, worum es sich im Konkreten bei den sittlichen Normen handelt, was ihren Inhalt beschreibt und worin ihre Ziele und Funktionen liegen. Dadurch, dass das Moralphänomen weder kulturell noch historisch einheitlich, wandelbar und nicht selten sehr umstritten ist, werden dem Versuch, eine allgemein gültige und vor allem korrekte Definition des Moralbegriffs zu finden, klare Grenzen gesetzt. Aufgrund dessen ist eine ganz objektive Begriffsbestimmung sehr utopisch. Trotz alledem werde ich im Folgenden versuchen, die gegenwärtigen mitteleuropäischen Moralvorstellungen in klare Worte zu fassen.

3.1 Die geschlossene Moral

Bergson unterscheidet in seinem späteren Werk *Les deux sources de la morale et de la religion* (1932)[24] die geschlossene von der offenen Moral in unserer Gesellschaft. Im Falle der geschlossenen geht man davon aus, dass der Mensch von Natur aus auf Sozialität ausgerichtet ist. Menschliche Gemeinschaften beruhen seiner Meinung nach auf Intelligenz und Freiheit. Soziale Formen helfen dabei, sich zu orientieren und vor der Angst vor dem Tod zu schützen, da unser Ich den Halt an der Oberfläche und nicht in der eigenen Tiefe findet. Er ist weiter der Meinung, einige würden den gesellschaftlichen Regeln allerdings nur aus Gewohnheit, Bequemlichkeit und Pflichterfüllung bzw.

---

[23] Vgl. Baumann, Michael/Kliemt, Hartmut (2011): Texte und Materialien für den Unterricht; Glück und Moral, S. 118

[24] Bergson, Henri (1932): Die beiden Quellen der Moral und der Religion

Gehorsam folgen. Darum neigen religiöse Organisationen dazu, sowohl Zwänge auszu-
üben als auch sich gegeneinander abzuschließen.[25] Moralische Regeln sorgen für ein geordnetes und friedliches Miteinander bzw. für ein
Zusammenleben frei handelnder Menschen. Um das zu erreichen, ist es natürlich not-
wendig, dass solche Regeln vorhanden bzw. formuliert sind, wobei ihre Inhalte absolut
von kulturellen Einflüssen und Traditionen abhängen. Der Sinn und Zweck dieser Regeln liegt darin, einen Zusammenhalt zu sichern und zugleich jeweilige Gemeinschaften
fortbestehen zu lassen. Man nennt diese Art der Moral also geschlossen, weil sie sich in
der Abgrenzung zu anderem Gemeinschaften begründet. Nach Bergson sorgen ethische
Prinzipien dafür, einen ganz logischen Zusammenhang in das menschliche Benehmen
zu integrieren, das längst an soziale Forderungen gebunden ist.

3.2 Die offene Moral

Der geschlossenen Moral steht die offene Moral gegenüber. Diese bezieht sich nun nicht
auf den Raum einer Gesellschaft, sondern auf die Menschheit im Gesamten. Von der
offenen zur geschlossen Moral ist daher nicht voneinander abzuleiten, da nämlich zwischen der Menschheit als Ganzes und der Gesellschaft, deren Teil jeder Einzelne ist und
in der jeder lebt, qualitative Unterschiede herrschen. Während durch die geschlossene
Moral ein Druck durch Verpflichtungen entsteht, die von der Gesellschaft formuliert
wurden und durch die es gelingt, eine Form beizubehalten, repräsentiert die offene die
Vorbildfunktionen und das Streben einzelner Autoritäten, dem es nachzuahmen gilt, und
beinhaltet den Einfall der Liebe zur Menschheit in ihrem Ganzen. Diese andere Quelle
der Religion meint die Intuition. Bergson meint die Intuition als eine Art schöpferischer
Akt unterbricht den Kreis religiöser Gewohnheiten. Der *élan vital* (Lebensschwung-
kraft) nimmt das Individuum für einen Augenblick ein. Sie stellt die Gotteskraft, den
schöperischen Lebensursprung, selbst dar. Diese Mystik bedeutet für Bergson die *cogni-
to dei experimentalis*, die unmittelbare Erkenntnis des Göttlichen.
Dadurch, dass inmitten unserer Gesellschaft beide Arten der Moral existieren und wir-
ken sowie oftmals unvereinbar sind, geraten diese aufgrund ihres unterschiedlichen In-
halts miteinander in Konflikt. Da die offene Moral die geschlossene vor allem um den
Verpflichtungscharakter ergänzt, sind beide für den moralischen Progress notwendig.

---

[25] Vgl. Kather, Regine: Gelebte Zeit und schöpferisches Werden – Henri Bergson (1859-1941), S. 34

Ein *intuitives* Denken ist notwendig, um erstens, ganz alltägliche moralische Entscheidungen zu treffen[26], zweitens, in verschiedensten Situationen handlungsfähiger zu sein[27], drittens, nicht bei jeder einzelnen Entscheidung der Versuchung zu einem Plädoyer in eigener Sache ausgesetzt zu sein[28] und um viertens, für eine moralische Erziehung gesorgt wird.[29]

Gleichzeitig ist auch ein kritisches Denken von absoluter Notwendigkeit, um erstens, Konflikte zwischen intuitiven Prinzipien zu lösen, zweitens, Entscheidungen in Fällen zu treffen, in denen keine intuitiven Prinzipien anwendbar sind und um drittens, die intuitiven Prinzipen auszuwählen.[30]

3.3 Das Gute

Agathon (vom griechischen ἀγαθός = *agathós* = gut, lat. *bonum*) beschreibt im allgemeinen Sprachgebrauch ein Prädikat, das über die Qualität (*poion*) von Dingen oder Eigenschaften urteilt. Zudem wird die Qualität sowohl von der Tugend als auch vom Guten und Schlechten (*kakon*) bestimmt.[31] Mit Hilfe der *poion* kann also auch erkannt werden, ob ein Mensch (sittlich) gut ist. Aus der Sicht anderer Personen, ist jemand genau dann (sittlich) gut, wenn er etwas Nützliches leistet, was auch die Tatsache bestätigt, dass das (sittlich) Gute sehr eng mit dem Nützlichen verbunden ist. Diejenige Eigenschaft, die erlaubt, einen Menschen als gut zu bezeichnen, nennt man „Tüchtigkeit" (*aretē*). „Das sittlich Gute" hingegen steht gewöhnlich für das höchste Ziel des Menschen: das als vollkommen richtig Erachtete und absolut Wünschenswerte, was durch angemessenes Verhalten realisiert werden soll. Dabei geht es nicht um Tauglichkeit, die dem Zweck dienen soll, sondern um das schlechthin Gute als Selbstzweck, das um seiner selbst willen angestrebt wird. Als ein „Gut" bezeichnet man das, was einen geistigen

---

[26] Vgl. Seanor, Douglas (1988): Essays on Bioethics, S. 18; Essays on Ethical Theory, S. 221 und 223, In: Hare and Critics: Essays on Moral Thinking

[27] Vgl. Seanor, Douglas (1988): Moral Thinking, S. 82 ff., In: Hare and Critics: Essays on Moral Thinking

[28] Vgl. Ebd., S. 84 f.

[29] Vgl. Seanor, Douglas (1988): Essays on Religion and Education, In: Hare and Critics: Essays on Moral Thinking

[30] Vgl. Seanor, Douglas (1988): Essays on Ethical Theory, S. 223, In: Hare and Critics: Essays on Moral Thinking

[31] Vgl. Höffe, Otfried (2005): Aristoteles-Lexikon, S. 3

oder materiellen Wert beinhaltet, wie z.b. eine geschätzte Eigenschaft oder Fähigkeit, ein nützliches Objekt oder ein erstrebtes Ziel.[32] Ursprünglich war mit *agathós* und *areté* die Vorstellungen von Nützlichkeit, Tauglichkeit, Leistungsfähigkeit und Erfolg gemeint. Die moralische Qualität zählt nicht zwangsweise dazu. Durch den Einfluss der Philosophie wurde *areté* zu einer moralischen Tugend und *agathós* zum sittlich Guten, wobei die Nützlichkeit als positive Konnotation erhalten blieb. Das Gute wird in einen sehr engen Zusammenhang mit dem Schönen gestellt, wobei die Kombination dem Ideal der „Schönheit und Gutheit" entspricht. Im Lateinischen wurden die Wörter *bonus* (gut) und *bonum* (das Gute/das Gut) analog für *agathos* und *agathon* verwendet. Hier handelt es sich ebenso im ursprünglichen und allgemeinen Sprachgebrauch um Nützlichkeit, Tüchtigkeit und Tauglichkeit, während es in der Philosophie speziell um das sittlich Gute geht.[33]

Mit Platon beginnt die philosophische und systematische Auseinandersetzung mit der Frage nach dem Guten. Als Autor ließ er verschiedene Dialogpartner unterschiedliche Ansichten über das Verständnis des (sittlich) Guten vertreten und verzichtete ganz bewusst darauf, eine eigene Lehrmeinung vorzutragen. Somit überließ Platon dem Leser das Fazit. Trotzdem kann man aus den Dialogen indirekt entnehmen, wie sein Denken über das (sittlich) Gute war. Er verstand darunter zwar das moralisch Gute, sofern es um menschliches Handeln ging, aber grenzte dies nicht wie moderne Moralphilosophen vom Vorteilhaften und der persönlichen Glücksmaximierung ab.

Bereits im *Protagoras*-Dialog kann erkannt werden, dass es schon zur damaligen Zeit geradezu unmöglich war, einen Konsens zu der Frage zu finden, was die *areté* im Wesentlichen bedeute.[34] Demnach besitzen Sokrates und Protagoras zwei unterschiedliche Auffassungen von Arete. Während für Protagoras die *aretē* die „Staatskunst" bedeutet, betont Sokrates immer wieder, dass sie etwas sein muss, was einem Menschen wesensmäßig ist. So wie beispielsweise die Baukunst einem Baumeister bestimmt ist, so soll die Arete den Menschen bestimmen.[35] Platons Werk weist an verschiedenen Stellen Versuche von Personen auf, Arete zu definieren. *„Gerechtigkeit, Besonnenheit und Frömmigkeit* […] *eines Mannes* [a.et.]" (325b) nennt Sokrates im *Protagoras* an einer Stelle,

---

[32] Vgl. Spaemann, Robert (2009) Moralische Grundbegriffe, S. 13

[33] Vgl. Pape, Wilhelm (1954): Griechisch-deutsches Handwörterbuch, S. 6

[34] Vgl. Platon (2004): Protagoras

[35] Vgl. Koop, Hugo (1940): Über die Lehrbarkeit der Tugend, S. 11

die später noch durch „*Tapferkeit*" (330c) ergänzt wird. In *Menon* definiert Menon die Arete auf verschiedene Art und Weise. Zum einen existiere „*für jede Handlungsweise und für jedes Alter* […] *bei jedem Geschäft für jeden von uns seine* [a.et.]" (72a), woraus ganz deutlich zu erkennen ist, dass es für ihn keine allgemeine Beschreibung der areté gibt, da er zum anderen auch noch „*Großmut*", „*Weisheit*" (74a), „*Gelehrigkeit*", „*Gedächtniskraft*" (88a) und „*noch sehr viele andere*" (74a) Begriffe hinzuzählt.

Die alten Griechen scheinen sich jedoch in einer Sache einig gewesen zu sein, nämlich, dass die zu definierende Arete „*zu den besonders schönen Dingen*" gehört und zudem auch noch etwas Gutes bedeutet. Im Griechischen spricht man von „*καλὸς καὶ ἀγαθός*" („kalos l´agathos"), was so viel wie Ästhetik, Ethik, Glück und Praxis ausdrückt. Vom griechischen Arete-Begriff kann also angenommen werden, dass die Arete den Menschen also äthetisch gut (schön), moralisch gut (gerecht), glücklich und praktisch gut (lebenstüchtig) macht.[36] Platon meint, ein glücklicher und ungerechter Mensch kann dann als *kalos* bezeichnet werden, wenn er bewundernswert sei, d.h. als tapfer und schlau gilt. Dem widerspricht jedoch Sokrates.[37]

Doch was bedeutet areté nun konkret für Platon? In sämtlichen Dialogen Plantons, die sich mit diesem Inhalt auseinandersetzen, wird die Arete als ein „*bestimmtes Wissen*" (168b) beschrieben, wie beispielsweise in *Chamides*.[38] Damit meint er das Wissen über das (sittlich) Gute und Schlechte. Eine Person, die über wenig Wissen vom (sittlich) Guten und Bösen verfügt, ist demnach wesensmäßig ein schlechter. Auch Protagoras´ Verständnis über die Arete lässt sich in Platons Definition erkennen. Er meint, dass ein Mann, der dieses Wissen besitzt, einen Staat am besten leiten könne, da er genau weiß, was gut und was schlecht für diesen ist. In *Menon* ist die Rede von dem „*Vermögen, sich das Gute zu erwerben*" (78b). Überträgt man nun Platons Idee, so muss „*Wissen*" durch „*Vermögen*" ersetzt werden. Auf den ersten Blick wirkt das weniger problematisch, denn wenn eine Person etwas kann, dann weiß sie auch wie es funktioniert. Die Umkehrung davon stimmt allerdings nicht, denn nur weil jemand theoretisch weiß, wie man ein Auto fährt, heißt das nicht gleichzeitig, dass er es auch kann. Hier muss nun eher das praktische Wissen berücksichtigt werden.

---

[36] Vgl. Platon (2013): Menon

[37] Williams, Bernard: Plato against the Immoralist (Book II357a-367e), S.48

[38] Vgl. Platon (1986): Chamides

Für die platonische Ethik ist die Frage „Ist es gut, meinem Glück dienlich, moralisch zu handeln?" sehr zentral. Ganz besonders arbeitete Platon seine Ethik im Werk *Politeia* aus[39]. Platon beginnt seine Überlegung über die Gerechtigkeit mit der Frage, auf welche Weise Menschen den Wunsch nach ungerechtem Verhalten und Handeln denn überhaupt entwickeln. „Ungerecht" wird von Platon mit „unmoralisch" gleichgesetzt. Auf dieser Basis formuliert er die Frage in „Warum und wieso ist der Mensch denn überhaupt unmoralisch?" um.[40] Den Hauptgrund für eine Unmoral sieht Platon in der Dominanz der Leidenschaften. Menschen, die ungerecht bzw. unmoralisch handeln, setzen ihren Trieben nichts hingegen, folgen somit deren Befehl und streben nach immer *mehr*. Während sie ihren eigenen Trieben folgen, können sie die Legitimität der Ansprüche anderer nicht erkennen. In *Gorgias* formuliert Platon über die Gestalt des Kallikles[41] Folgendes:

„Wer richtig leben will, muß seine Begierden so groß wie möglich werden lassen ohne ihnen einen Zügel anzulegen; sind sie aber so groß wie möglich, so muß er imstande sein, ihnen mit Tapferkeit und Klugheit zu dienen und alles, wonach sich die Begierde regt, zur Stelle zu schaffen...Üppigkeit, Zügellosigkeit und Freiheit, wenn ihnen alle Hilfsquellen offen stehen, das ist Tugend und Glück...".(Gorg. 491e-492d)

Das Höchste, was ein Mensch laut Platon erreichen kann, besteht in der Schau der Idee bzw. in der Idee des sittlich Guten. Von dieser Idee ist eine Person, die nach ihren Trieben handelt, jedoch grundsätzlich ausgeschlossen. Angesichts menschlicher Triebhaftigkeit bleibt die menschliche Vernunft oft unentwickelt und untätig, so dass die Fähigkeit zu einer Ideenschau ausbleibt. Der Ungerechte ist an einer Idee des (sittlich) Guten nicht interessiert, da sein Interesse mehr von greifbaren Gütern ist, womit er den Rest seines Lebens auf niedrigen Bereichen der erfahrenen Realität verbringt.[42] Weiter ist Platon der Ansicht, dass ungerechte Personen niemals die Einsicht in das Höchste erlangen werden, stattdessen in sich selbst zerrissen sind und dies auch bleiben werden. Diesen Einfluss ungezügelter Leidenschaften muss die Vernunft büßen, da sie allein imstande ist, diese Triebe zu zügeln und auszugleichen. Die menschliche Seele ver-

---

[39] Vgl. Stemmer, Peter: Der Grundriss der platonischen Ethik, S. 535

[40] Vgl. Bayertz, Kurt (2006): Warum überhaupt moralisch sein?, S. 188 f.

[41] Griechischer Sophist und Politiker

[42] Vgl. Platon (1982): Der Stadtstaat, 586a-b

gleicht Platon an dieser Stelle mit einem Tummelplatz oder Schlachtfeld, wo die impulsiven Triebe hemmungslos umher rasen. Der betroffene Mensch ist somit nicht mehr Herr über seine Leidenschaften, über sein Verhalten und folglich über sein Leben. Da in einer solchen Person keine innere Harmonie des Geistes existiert, kann diese auch niemals ein sittlich gutes und glückliches Leben führen. Die Seele leidet unbewusst an einer nervlichen Krankheit, die immer weiter fortschreitet. Von der Vernunft befreit, werden die Leidenschaften immer zügelloser, womit der Betroffene immer mehr die Ebene eines Tieres oder gar Sklaven erreicht. Im Kontrast dazu besitzt der gerechte Mensch *„sein Haus im wahren Sinne wohlbestellt, hat die Herrschaft über sich selbst gewonnen, hat in sich Ordnung geschaffen, sich mit sich selbst innig befreundet und jene drei Seelenvermögen in Einklang gebracht, gerade so, als wären es die Haupttöne eines Zusammenklangs"* (Platon 1982: 443d-e). Die Stärke dieses platonischen Arguments besteht darin, dass es sich durch den Lohn der Gerechtigkeit identifiziert und von äußeren Umständen absolut unabhängig und folglich ungefährdet ist. Derjenige also, der die Ursachen der Unmoral in sich entfernt hat, erlangt von selbst eine innere Gesundheit und eine vollkommene Übereinstimmung der Seele. Im Umkehrschluss bedeutet dies: Ein Mensch, der sich einem moralisch verwerflichen Mehr-Haben-Wollen absolut hingibt, geht die Gefahr ein, seine Seele einer Uneinigkeit und Disharmonie auszusetzen, die ihm jegliche Chance auf ein gutes und glückliches Leben entzieht. Eine Person, die nie gerecht handelt, kann selbst dann nicht als glücklich bezeichnet werden, wenn er sein Leben lang ungeschoren davon kommt. Platon nimmt also angesichts innerer Bedingungen an, dass der Ungerechte absolut nicht, der Gerechte dagegen vollkommen glücklich ist. *„Am schlechtesten also lebt der, welcher die Ungerechtigkeit hat und nicht davon befreit wird."* (Platon 2011:479) obwohl Thrasymachos und andere behaupten *„Ist doch jedermann der Ansicht, daß für den einzelnen die Ungerechtigkeit viel lohnender sei als die Gerechtigkeit und damit hat er auch Recht, wie jeder bezeugen wird, der über die Frage redet"* (Stemmer 1988:540). Platon betont oftmals, dass einige Leute zwar an dem Schein, gerecht zu handeln, interessiert sind, jedoch nicht gleichzeitig daran, auch wirklich gerecht zu sein bzw. tatsächlich gerecht zu handeln.[43] Solche Leute

---

[43] Vgl. Platon (1982): Der Stadtstaat, 505d

teilen also eher die Meinung der Sophisten[44], die behaupten, ungerechtes Handeln sei klüger, nämlich genau dann, wenn es gelingen sollte, den Schein der Gerechtigkeit zu wahren.[45]

Platons Schüler Aristoteles kritisiert die Gleichsetzung von Tugend und Wissen. Seiner Meinung nach genüge eine vernünftige Einsicht nicht aus. Nur dann, wenn wir tugendhaft handeln, werden wir uns allmählich an der Tugend erfreuen. Im Mittelpunkt steht für Aristoteles nicht die Tatsache, die Tugend zu erkennen, sondern zu entdecken, wie sie erworben werden kann. *„Denn wir wollen nicht wissen, was Tapferkeit ist, sondern wollen tapfer sein."* (Baurmann/Kliemt 2011:72) Ganz besonders betont er die Unstimmigkeit, die zwischen einer richtigen Einsicht und einer pragmatischen Fähigkeit herrschen kann. Denn das wesentliche Problem der Willensschwäche einiger Individuen erwähnt weder Sokrates noch Platon. Dies heißt jedoch nicht gleichzeitig, dass Aristoteles an der vernunftmäßigen Erkennbarkeit der Tugendenden und allen Guten zweifelt, sondern dass er glaubt, eine Erziehung zur Moral kann nicht auf Maßstäbe des moralisch Richtigen oder Unrichtigen relativiert werden. Eine moralische Erziehung kann seiner Meinung nach nur durch eine langfristige und lehrhaften Einflussnahme in einem strukturierten und geordneten Staatswesen verwirklicht werden.

Auch hinsichtlich des Weges zur tugendhaften Erkenntnis unterscheidet sich Aristoteles von den anderen beiden antiken Philosophen. Einen Maßstab für alles Gute und Schlechte finden wir seiner Vorstellung nach nur durch den Einblick in das menschliche Wesen und in die menschliche Natur. Damit ist allerdings nicht gemeint, dass man diese Erkenntnisse mit den Vorgehensweisen der modernen Naturwissenschaft erlangt. Aristoteles´ Naturbegriff ist nicht empirisch, vielmehr teleologisch zu verstehen. Das heißt, er versteht alle Vorgänge der Natur als Elemente eines unter vielfältigen Gesichtspunkten geordneten Zusammenhangs, innerhalb dessen jeder einzelne Teil einen ganz bestimmten Zweck erfüllen soll. Dieser Zweck erklärt seine Bedeutung und ist Ursache seines Daseins: Ein Ei hat die Berufung, sich zu einem Huhn herauszubilden, eine Eichel existiert, um sich zu einer Eiche zu entwickeln und ein junger Mensch soll sich zum Erwachsenen herausbilden und alle Chancen realisieren, die in seiner Natur als Mensch

---

[44] Vertreter einer Gruppe griechischer Philosophen und Rhetoren des 5. bis 4. Jahrhunderts v. Chr., die als Erste den Menschen in den Mittelpunkt philosophischer Betrachtungen stellten und als berufsmäßige Wanderlehrer Kenntnisse besonders in der Redekunst, der Kunst des Streitgesprächs und der Kunst des Beweises verbreiteten.

[45] Vgl. Stemmer, Peter (1988): Der Grundriss der platonischen Ethik, S. 540 f.

veranlagt sind. Neuerungen dieser Form besitzen einen intentionalen Sinn und werden mit Hilfe von „Zweckursachen" ausgelöst. Diese Eigenarten und Fähigkeiten nennt Aristoteles dann die Tugenden einer Person, wenn diese mit seinen teleologischen Bedingungen übereinstimmen. Das Wesen aller Dinge liegt seiner Meinung nach darin, dass diese eine tunlichst große Vollkommenheit, d.h. eine möglichst perfekte Erfüllung ihrer Bedingung anstreben. Dass eine solche Erfüllung für empfindungsfähige Lebewesen mit Befriedigung und Lust verbunden sein muss, stellt in Aristoteles' Augen eine Selbstverständlichkeit dar. Das, was ein Individuum von Natur aus innehat, bringt diesem das Höchstmaß an Glück. Der vollkommene Mensch, der genau die Eigenschaften vollständig entfaltet, die in seiner menschlichen Spezies angelegt sind, ist daher der Maßstab für das Glück und die Tugend. Verwirklicht eine Person also seine ihm eigentümlichen Zwecke, so kann er laut der Teleologie sicher gehen, dass er alle Voraussetzungen für ein glückliches Lebens erfüllt hat. Ein essentieller Teil der teleologischen Überlegungen Aristoteles´ liegt in der Frage *„Was ist der Zweck, das „Telos" des menschlichen Lebens, und worin bestehen demgemäß die menschlichen Tugenden?"*. Der Versuch, eine Antwort darauf zu finden, erreichte das Ergebnis, zwischen wahren und falschen Glück zu unterscheiden. *„Nur Tätigkeiten, die der Funktion und Zweckbestimmung der menschlichen Natur angemessen sind, werden reales Glück vermitteln können"* (Baurmann/Kliemt 2011:73 f.), lautet demnach das Kriterium nach Aristoteles.

Neben Sokrates und Platon bringt Aristoteles noch zur Sprache, dass es nicht nur auf die Tugend ankäme, sondern auch gewissen äußeren Umständen eine wichtige Bedeutung zukommt. Manch einer, der zu Unrecht Strafe erleiden muss oder durch einen schweren Unglücksfall getroffen wird, kann und darf nicht als glücklich gepriesen werden. Auch in dieser Hinsicht gilt Aristoteles also als großer Realist.

Was das Traumbild eines glücklichen Lebens betrifft, sind sich Platon und Aristoteles nahezu einig. Aristoteles sieht das besinnliche Handeln des Weisen als eine großartige menschliche Tugend und die geistige Auseinandersetzung mit der ewigen Wahrheit als ein Endziel des menschlichen Strebens nach der Eudaimonie.

Sie sind sich also darüber einig, dass *„das glücklichste und tugendhafteste Leben genau dasjenige sei, das sie selbst führten"* (Baurmann/Kliemt 2011:73 f.).[46]

---

[46] Vgl. Baurmann, Michael/Kliemt, Hartmut (2011): Texte und Materialien für den Unterricht. Glück und Moral, S. 71-74

3.4 Das Böse

Spricht man über das Böse, so können grundsätzlich verschiedene Stufen voneinander abgegrenzt werden. Man unterscheidet das im technischen Sinne Schlechte von dem im pragmatischen Sinn, auch das „törichte" genannte. Das im moralischen Sinn Schlechte, das wirklich Böse, ist erst auf der dritten Stufe aufzufinden. Nicht nur im Falle einer Übereinstimmung, sondern auch bei einem Widerspruch sind grundsätzlich zwei Hauptstufen zu unterscheiden. Zum einen kann man einem moralischen Gesetz zuwider handeln bzw. diese Zuwiderhandlung zumindest eindeutig beabsichtigen. Zum anderen äußert sich die negative Seite mit der Grundstufe der schlichten „Unmoral" bloßer Kontra-Legalitäten oder Gesetzeswidrigkeiten. Auch die Stufe der Unmoral kann nach Aristoteles in verschiedene Stufen gegliedert werden, beginnend mit der *malakia* (Weichlichkeit). Die *akrasia* (Willenschwäche) und *akolasia* (Zügellosigkeit) benennt er als zweite und dritte Stufe. Zuletzt folgen die *kakia* (Lasterhaftigkeit oder Schlechtigkeit) und *thêriotês* (animalische Rohheit).[47] Im Vordergrund steht hier die Akrasia, die durch Sokrates ihren Namen erhielt und neben „Willensschwäche" auch mit „Unbeherrschtheit" übersetzt werden kann. Sokrates meint damit, eine Person sei nicht stark genug zur Selbstkontrolle, d.h. nicht stark genug, sich selbst zu beherrschen. Für in ist ein Unbeherrschter jemand, der *„weiß, dass sein Handeln verwerflich ist"* und *„unter dem Einfluss der Leidenschaft"* trotz alledem so handelt, *„während der Beherrschte weiß, dass ein Begehren verwerflich ist, und ihm daher - unter dem Einfluss- nicht Folge leistet"*. (Aristoteles 1985:1145b) So geschieht es, dass wir Menschen sehr oft offenen Auges wider besseren Wissens handeln und dadurch bisweilen unseren Begierden erliegen, denen wir nicht nachgeben wollten. Obwohl man sich doch sehr oft darüber bewusst ist, was das Bessere ist, tun wir doch das Schlechtere. Wenn also eine Person, die sehr auf ihre Gesundheit achtet und demzufolge Süßigkeiten für sehr ungesund hält, jedoch ab und zu doch Süßigkeiten verspeist, dann spricht man von Willensschwäche. Damit wird impliziert, dass die von der Person allgemein gegebene Regel, stets auf die Gesundheit zu achten, aufgegeben wurde.

Derjenige, der nun also lasterhaft, zügellos oder willenlos vorgeht, der handelt zwar aus eigenem Willen mit Unrecht, doch fehlt ihm die Intention der zweiten Stufe, die wie folgt lautet: *„Ich weiß, was (moralisch) richtig ist; ich bin auch fähig, das Richtige zu tun; ich will aber nichts anderes, als moralisch schlecht handeln."* (Höffe 2007:331)

---

[47] Vgl. Höffe, Otfried (2007): Lebenskunst und Moral oder macht Tugend glücklich?, S. 331

Sowohl die Komponente des andauernden strebenden Handelns als auch das durchgehend verfolgte Ziel der Eudaimonie weisen erschwerende Umstände auf. Geht man vom Strebensbegriff aus, so bestrebt jedes Individuum durch ganz absichtsvolles Handeln etwas Gutes mit dem Endziel der Glückseligkeit. Doch jemand, der aus freiem Willen lasterhaft und willensschwach handelt, gilt als Person, die nach (mutmaßlich) Guten, jedoch nicht direkt nach Schlechtem verlangt. Rein sachlich betrachtet entspricht dies zwar nicht dem Hauptziel der Eudaimonie, ist jedoch einer besonderen Weise der Täuschung unterlegen, d.h. derjenige verfolgt nur ein vermeintliches nicht aber das wahre Glück.

Auch für das einfache Zuwiderhandeln konnten verschiedene Grade formuliert werden. Bei einem eher belanglosem bzw. minimalem Verstoß gegen die Moral spricht man nicht von „böse", sondern vielmehr von „(moralisch) schlecht" oder „unrecht". Erst bei einem hochgradigen, brutalen Moralverstoß spricht man von „böse", bei dem die objektive Unmoral zur subjektiven wird, und man sogar davon ausgeht, dass ein solch grausames Handeln nicht nur ganz bewusst, sondern auch in jedem Fall gewollt stattfindet. Ist die Rede von einem „Einzelfall-Bösen", so ist man in einem ganz bestimmten Handeln böse. Von einem „Grundsatz-" oder „Regelfall-Bösen" spricht man dann, wenn zur andauernden Erhaltung des Bösen beigetragen oder eine Steigerung zur Bösartigkeit erreicht werden soll. In solch einem Fall ist nicht nur das Handeln und Tun eines Menschen böse, sondern auch dessen ganze Person, sein ganzer Charakter. Spricht man also bereits von der Bösartigkeit einer Person, so ist gleichzeitig die höchste Stufe moralischer Verderbtheit erreicht. Hier weiß ein Individuum nicht mehr, was die Moral verlangt, was jedoch auf der ersten Stufe, zwischen Gebrechlichkeit und Willensschwäche, noch vorausgesetzt wird: *„Man handelt wider besseres Wissen, indem man Versuchungen erliegt. "* (Höffe 2007:333) Auf der dazwischen liegenden Stufe, vermischt man die guten mit den schlechten Maximen: *„Man ist nur so weit zum moralischen Handelns bereit, wie es dem langfristigen Selbstinteresse, dem aufgeklärten Eigenwohl, dient"* (Höffe 2007:333) Auf der Stufe der Bösartigkeit, der dritten Stufe, handelt man ganz überlegt aus moralwidrigem Prinzip. Eine Anerkennung der Moral wird explizit verweigert. Um des Bösen willen, wird also Böses getan.

Lässt man nun alle Zwischenstufen beiseite, so ergeben sich zwei Grundstufen moralischer Einschätzung mit ihren jeweils zwei weiteren Stufen. Zusammen mit der Stufe der moralischen Gleichgültigkeit ergeben sich also fünf Grundstufen. Die beiden Hauptklassen bilden sowohl Legalität (Handlungen) als auch Moralität (Gesinnungen bzw. Einstellungen). Sie gelten lediglich als Ordnungen, ohne dabei Inhalte aufzuzeigen. Das heißt, „'Gut' ist, was man tut (Legalität) und wollen soll (Moralität), 'böse', was man nicht tun (Kontra-Legalität) und nicht wollen darf (Kontra-Moralität)." (Höffe 2007:333 f.) An dieser Stelle muss nun natürlich geklärt werden, worin diese fünf Grundstufen der moralischen Beurteilung überhaupt bestehen. Schreiten wir vom Positiven zum Negativen fort, so beginnen wir mit a) der Moralität, bei der die Erfüllung moralischer Normen statt findet, jedoch nicht nur aus dem Grund, weil diese moralisch geboten sind. Darauf folgt dann b) die (moralische) Legalität, die Einheit mit der Moral aus beliebigen Anlässen. Die c) moralische Indifferenz ist dann gegeben, wenn keinerlei moralischen Verpflichtungen angesprochen werden. Eine d) moralische Illegalität, das „objektive" Böse, liegt dann vor, wenn der Moralität ganz bewusst widersprochen wird. Die totale Antimoralität, die oberste Stufe der Unmoral, existiert in dem Moment, in welchem die Moral ganz grundsätzlich miss- und verachtet wird.

Nun kann das Böse selbst in drei unterschiedliche Gestalten eingeteilt werden. Als Erstes spricht man von einem „heißen", dem affektiven Bösen, eine zerstörerische und dadurch „sinnlose" jedoch nicht gleichzeitig mutwillige Gewalt, wie sie beispielsweise bei Massakern oder Amokläufen aufzufinden ist. Als Zweites - zugleich als Gegensatz zum Vorigen - folgt das „kalte" Böse, bei der Gefühlskälte und Gnadenlosigkeit ganz gezielt eingesetzt werden und sich am Leiden und der Angst des Opfers geradezu erfreut wird. Später benannte Hannah Arendt ein drittes, das „banale" Böse, bei der sog. Schreibtischtätern zwar absolut bewusst ist, was sie tun und ausrichten, doch aufgrund fehlender Empathie kein Empfinden dafür besitzen, welche Folgen ihr Handeln nach sich zieht.[48]

Wen aber bezeichnen wir nun als grundsätzlich böse oder wie kann ein böser Mensch ganz grundsätzlich definiert werden?

Ob jemand moralwidrig ist, kann zwar aus dessen Tun und Handeln entnommen werden, doch eine klare Gewissheit schafft dies nicht. Allerdings können Maxime, Handlungsprinzipien, deklariert und mit Bedacht bzw. Behutsamkeit bestimmten Personen zugesprochen werden. [49] Böse ist also „zum Beispiel, wer in Tücke, Verschlagenheit und Hinterlist lebt, wer Leid und Zerstörung hervorbringt, besonders augenfällig, wer ein

---

[48] Vgl. Höffe, Otfried (2007): Lebenskunst und Moral oder macht Tugend glücklich?, S. 330-334

[49] Vgl. Ebd., S. 334-337

Kind quält, weiterhin wer foltert oder einen Mord gezielt grausam durchführt und an all dem noch Vergnügen findet" (Höffe 2007:335). Jahrhundertelang, ab der römischen Antike bis zur frühen Aufklärung, trugen römische Kaiser und Könige, wie z.b. Kaiser Nero, den Titel der „Bösen". Auch in der frühen Neuzeit und in Bürgerkriegen, wurden solche Titel an boshafte Menschen weiter verteilt. Ab dem 20. Jahrhundert konnte man sogar eine Steigerung von Grausamkeiten ins Ungeheuere, vor allem durch politisch Verantwortliche, erkennen. Als Antiideal dienen in diesem Falle rückblickend Menschen wie Stalin oder Hitler. Kriegsführer, Terroristen und Tyrannen gelten also als krasser Gegenpol zur interkulturell anerkannten und zweifelsfreien Moral.

Im Kampf zwischen dem guten und den bösen Willen, der einen ganz wesentlichen Inhalt des sittlichen Lebens darstellt, benötigen Menschen oftmals den Glauben an eine Möglichkeit des Sieges gegen das Böse. Durch die Vorstellung des guten Willens, in dem der böse Wille keinen Platz findet, wird Kraft für den sittlichen Kampf gewonnen. Diese Glaubensvorstellung bildet oftmals den Glauben an die Existenz eines heiligen, göttlich gesinnten Menschen, an Jesus Christus.[50]

Das Gute und das Böse stellen zwei „Wesen" dar. Der Mensch als drittes Wesen, das zwischen diesen beiden steht und sich für eines der beiden entscheiden muss, ist aufgrund dieser Tatsache mit dem sog. *freien Willen* ausgestattet.[51]

4. Der Determinismus und die Willensfreiheit

In der antiken Philosophie war das Problem der Willensfreiheit noch nicht bekannt. Der Grund dafür liegt darin, dass man den Begriff des Willens, so wie wir ihn heute kennen, nicht kannte. Den ersten Gedanken zu diesem Thema erfasste jedoch bereits Aristoteles, der den Willen als ein vernunftgemäßes oder durch Gründe bestimmtes Streben sah. In der Gegenwart der Neuzeit spricht Kant vom Willen als Kausalität der Vernunft. Damit meint er die Fähigkeit, nach Prinzipien zu handeln.

Um über den Determinismus und die Willensfreiheit sprechen zu können, sollten zunächst einige Begriffe geklärt werden, die in diesem Zusammenhang erscheinen.

---

[50] Vgl. Keller, Christoph (1976): Das Theologische in der Moraltheologie. Eine Untersuchung historischer Modelle aus der Zeit des deutschen Idealismus, S. 57 f.

[51] Vgl. Bloch, Kurt (1984): Das Prinzip des Guten, S. 101

Beim Determinismus handelt es sich um die Lehre über die Bestimmtheit des ganzen Weltgeschehens. Dabei werden ebenso alle menschlichen Lebensabläufe mit einbezogen. Es geht um die Idee der dauerhaft gesetzmäßigen Bestimmtheit der Wirklichkeit. Der Determinismus meint, alle Ereignisse seien durch ihre Wirkungssachen erklärbar und zukünftige Ereignisse prinzipiell vorhersehbar. Im Altertum waren es die Stoiker, (später auch Hobbes, Leibniz und die Materialisten der Neuzeit) die den Determinismus vertraten. Ihrer Auffassung nach geschieht in der Welt alles durch einen natürlichen und unveränderbaren Zusammenhang von Ursachen und Wirkungen. Begründet wird der Determinismus also durch das sog. Kausalprinzip, das davon ausgeht, zu jedem eindeutig beschreibbaren Zustand könne eine kausale Erklärung gefunden werden.[52] Das heißt also: Jedes Ereignis besitzt eine Ursache. Die Kausalität bezeichnet demnach die Relation von Ursache und Wirkung, also das Verhältnis der Verursachung. Demzufolge könne keine Freiheit des Willens bestehen.[53]

Hinsichtlich der Willensfreiheit kann ein *harter* vom *weichen* Determinismus unterschieden werden. Ersterer schließt sowohl die Möglichkeit auf freie Entscheidung sowie die Verantwortlichkeit einer Person für eigene Handlungen aus. Der weiche Determinismus glaubt zwar, menschliches Handeln sei determiniert, doch besagt er, der Mensch sei, im Falle einer Abwesenheit von innerem und äußerem Zwang, in einem Sinne frei. Dies reicht dafür aus, Verantwortlichkeit zu begründen und Bestrafung oder Belohnung zu rechtfertigen.[54]

Das Gegenteil des Determinismus wird Indeterminismus genannt. Darunter wird die Lehre von der kausalen Nichtbestimmtheit von Ereignissen und Zuständen verstanden, oder in Betracht auf die Willensfreiheit, die Lehre von der Freiheit allen menschlichen Handelns und Wollens. Ein großer Vertreter des Indeterminismus war Kant, der meint, der Mensch besäße als Bürger einer intelligiblen Welt die völlige Willensfreiheit. Das heißt, jede Person könne ein Geschehen durch Selbstbestimmung und durch die Selbsttätigkeit der praktischen Vernunft bestimmen. Ähnlich wie Kant sah dies bereits Aristoteles, der den Menschen als Quelle seiner Taten erklärt und ein freiwilliges Handeln als bewusste Selbstbestimmung beschreibt. Oft ist der Indeterminismus jedoch nicht als

---

[53] Kirchner, Friedrich/Michaelis, Carl (1907): Wörterbuch der Philosophischen Grundbegriffe, S. 210 f.

[54] Die extremste Form des Determinismus ist der Fatalismus, ein Schicksalsglaube, der jegliche Freiheit ausschließt.

intelligible Freiheit zu verstehen, sondern vielmehr als eine Wahlfreiheit des Willens bei unterschiedlichen Handlungsmöglichkeiten. Einen solchen Indeterminismus vertritt Platon, wenn er sagt: *„Die Tugend untersteht keinem Herrn, und je nachdem jeder sie ehrt oder mißachtet, wird er mehr oder weniger von ihr besitzen. Die Schuld fällt dem Wählenden zu. Gott trägt keine Schuld."* (Platon 1982: Rep. X, 16, 617 E)

Im Kontrast zum Determinismus steht die Freiheit. Eine knappe Beschreibung dieser erweist sich allerdings als sehr schwierig. Zunächst kann zwischen *negativer* und *positiver* Freiheit unterschieden werden. Erst genannte meint das Freisein von Behinderung, wie z.b. Zwang, Schicksal oder Kausalität. Die positive meint hingegen die Freiheit zu einer bestimmten Sachte, d.h. die Möglichkeit bzw. Fähigkeit, etwas zu tun oder zu lassen. Weiterhin kann zwischen der *inneren* und *äußeren* Freiheit unterschieden werden. Mit der äußeren ist eine okkasionelle oder physische Freiheit gemeint. Die *okkasionelle* Freiheit beschreibt eine Nichtexistenz äußerer beschränkter oder hindernder Umstände einer Person, wie bspw. Fessel oder Kerker. Ihr Gegensatz meint Fesselung, Gefangenschaft o.Ä. Eine *physische* Freiheit meint die Gebrauchsmöglichkeit körperlicher Werkzeuge beim Handeln. Ihre Gegensatz ist die Ohnmacht, Lähmung, Hemmung etc. David Hume unterscheidet an dieser Stelle zwischen der Handlungs- und Willensfreiheit. Mit der Willensfreiheit meint er das Freisein von allen Bedingungen, was bedeutet, dass keinerlei Wünsche, Motive oder Charaktereigenschaften menschliche Entscheidungen beeinflussen. Und diese meint zugleich die *innere* Freiheit, d.h. die Möglichkeit, sich aus reiner Selbstbestimmung zu entschließen und zu handeln. Die Handlungsfreiheit stellt hingegen diejenige Fähigkeit bzw. dasjenige Vermögen dar, das dem Menschen ermöglicht, freiwillige und bewusste, seinen Möglichkeiten und Fähigkeiten entsprechende, Entscheidungen in Hinblick auf dessen gegebenen Umstände zu treffen. Das menschliche Handeln ist demnach auf das eigene Wollen ausgerichtet und frei von äußerer Fremdbestimmung.

Weiterhin treten im Zusammenhang mit dem Determinismus die Begriffe „Entscheiden" und „Handeln" auf. „Entscheiden" meint, sich neben alternativen Möglichkeiten auf eine ganz bestimmte Handlungsweise festzulegen. Eine Handlung stellt ein zielgerichtetes und sinnvolles Tun dar, deren Motive soziale, psychologische oder geschichtlich-epochale Ursachen zugrunde liegen.

Im Hinblick auf den Determinismus existieren zwei Extrempositionen. Einerseits kann man davon überzeugt sein, der Determinismus treffe auch in Betracht auf die menschliche Entscheidungsfreiheit zu. Eine Person ist folglich dessen nicht frei in dem, was er tut bzw. zu entscheiden oder zu wollen, was er will. Daher kann niemand für sein eigenes Tun verantwortlich gemacht werden. Auf der anderen Seite steht der Indeterminismus. Eine absolute Freiheit über den Willen bedeutet, dass menschliche Handlungen durch keinerlei soziale, psychologische oder geschichtlich-epochale Ursachen weder vorhergesehen noch begründet werden können. Das Handeln der Person könnte weder durch ihre bisherigen Verhaltensweisen, Taten oder Einstellungen noch durch gesellschaftliche Normen abgeschätzt werden. Eine solche Person könnte für seine Taten nicht verantwortlich gemacht werden, da sie nicht imstande ist, Gründe für ihr Verhalten anzugeben. Dabei bedeutet Verantwortung zu übernehmen, das eigene Handeln begründen zu können.

Demzufolge müssen Vertreter des Determinismus sowie des Indeterminismus einräumen, dass das Individuum für sein Tun nicht verantwortlich gemacht werden kann. Da, wie soeben gezeigt, ein völlig freier Wille des Menschen gar unmöglich ist, könnte man zugunsten der menschlichen Freiheit behaupten, dass das Individuum angesichts dessen Entscheidungen teilweise frei ist, jedoch auch an bestimmte Gründe gebunden ist. Diese Idee würde allerdings wieder auf das Prinzip des Indeterminismus hinauslaufen, das letzten Endes ausschließlich derjenige Teil, der frei ist, für die menschlichen Entscheidungen verantwortlich ist. Doch dieser Teil ist eben nicht begründbar. So bleibt die einzige Möglichkeit der Determinismus.[55]

Nach Rudolf Ginters kann allgemein zwischen folgenden vier Formen menschlicher Freiheit unterschieden werden: *„die äußere und innere Handlungsfreiheit, die Freiheit der Vorzugswahl, die Freiheit der Entscheidung und die Freiheit der Entschiedenheit"*[56], in denen alle Arten menschlicher Freiheit übereinkommen. Dabei liegt stets eine bestimmte Ungebundenheit vor.

Unter der *Handlungsfreiheit* ist die menschliche Fähigkeit zu verstehen, welche die persönlichen Wünsche und Absichten umzusetzen weiß. In den meisten Fällen, in denen wir von Freiheiten sprechen, meinen wir genau diese Art der Handlungsfreiheit, wie bspw. die Wahl unseres Partners, Wohnortes, Berufs oder unserer Religion. Solche Freiheiten können mit Hilfe des äußeren (Krankheit, Geldmangel, Gefängniswahrung, etc.)

---

[55] Erpenbeck, John (1993): Wollen und Werden. Ein psychologisch-philosophischer Essay über Willensfreiheit, Freiheitswillen und Selbstorganisation, S. 21 ff.

[56] Ginters, Rudolf (1982): Werte und Normen. Einführung in die philosophische und theologische Ethik, S. 291 f.

oder inneren (Zwangsneurosen) Zwanges verringert oder vollständig aufgehoben werden. Dies trifft nicht nur bei uns Menschen, sondern auch bei Tieren zu, denn legt man bspw. den Hund an eine Kette, so wird dieser in seiner Bewegungsfreiheit eingeschränkt. Demzufolge kann behauptet werden, dass eine sittliche Verantwortung nicht begründet ist. Jede Handlungsfreiheit ist also von anderswoher determiniert. Die Zustimmung für die Handlungsfreiheit hängt bei einer Person auch stark von der Tatsache ab, dass er in diesem Moment so und nicht anders will. Somit handelt es sich bei dieser Form menschlicher Freiheit um eine determinierte.

Geht es um die *Freiheit der Vorzugswahl* so spricht man vom menschlichen Vermögen, mit Hilfe rationaler Gesichtspunkte Handlungsmöglichkeiten zu unterscheiden. Das heißt, eine Sache oder Handlung als besser oder weniger gut bzw. als schlechter oder weniger schlecht zu beurteilen. Dabei wird hinsichtlich der Handlungsalternativen eine komparatistische Beziehung zwischen gut und besser oder schlecht und schlechter angenommen. Folgendes Beispiel soll die Vorzugswahl verdeutlichen: Ein Familienvater hat beim Kauf einer neuen Immobilie die Wahl zwischen einem kleinen Luxuspenthouse und einem großen Familienhaus. Beides wäre für die Familie bezahlbar. Der Vater verzichtet allerdings auf die Luxuswohnung und wählt dementsprechend das Familienhaus. Fragt man ihn nun, worin der Grund seiner Wahl liegt, so würde er wohl die Geräumigkeit nennen. Die Geräumigkeit stellt hier also ein rationales Kriterium für seine Wahl dar. Würde man nun weiter fragen, warum sein Kriterium nicht auf den Luxus gefallen ist, so würde der Vater wohl seine Familie als Grund angeben. Demnach wäre die Sorge um seine Familie das übergeordnete Kriterium, nach dem er handelt. In Betracht dessen zeigt sich die Entscheidung für das Familienhaus als die bessere Alternative und erhält damit den Vorzug.

Diese Art Freiheit ist für den Menschen gegenüber dem Tier kennzeichnend, allerdings trotzdem determiniert bzw. hinsichtlich angelegter Wertmaßstäbe rational determiniert. Berücksichtigt bspw. jemand bei der Wahl des Weines die Bekömmlichkeit, so wird die Entscheidung wohl auf den Rotwein fallen, da dieser gegenüber dem Weißwein erfahrungsgemäß in den meisten Fällen als der magenfreundlichere bezeichnet wird. Mittels einer inneren Logik, die durch unserer final strukturiertes Wollen gegeben ist, wählt die handelnde Person den Rotwein.

Jede Entscheidung, die man rechtlich mit Hilfe der Benutzung komparatistischer und wertender Wörter begründen kann, bilden sich aus einer vorausgegangen und logischen

Entscheidung eines akzeptierten Maßstabs heraus und stellt insgesamt eine determinierte Vorzugswahl dar. Die Freiheit der Vorzugswahl besteht generell in einem begrenzten „Anders-Wollen-Können". Eine wählende Person könnte also anders handeln, wenn sie sich dafür entschieden hätte, einen anderen Maßstab anzuordnen. Auch mit dieser Art der Freiheit werden wir im Alltag hin und wieder auseinandergesetzt, vor allem dann, wenn es um moralische Probleme geht. Die Frage nach dem menschlichen Wohl, nach dem Richtigen für den Menschen, und nach der besten Möglichkeit, dies zu realisieren, ist prinzipiell nichts anderes als die Frage nach der richtigen Vorzugswahl. Solche Vorzugswahlen können, wie in den Beispielen begreiflich gemacht, von sehr großer Bedeutung sein, wenn es z.b. um das Leben eines Menschen geht. Derjenige, der in einer solchen Situation eine Entscheidung zu treffen hat, wird immer sehr schwer daran zu tragen haben. Das ändert jedoch nichts an der Tatsache, dass es sich dennoch um determinierte Wahlen handelt, bei der die Frage nach Schuld und Unschuld nicht gestellt werden kann. An dieser Stelle fragt man sich aber nun, welche Faktoren dafür geeignet sind, die Freiheit der Vorzugswahl zu minimieren oder gar ganz aufzuheben. Dafür geeignet sind wohl offensichtlich all diejenigen Faktoren, die eine einsichtige Wahl entweder behindern oder unmöglich machen, wie bspw. Irrtümer, mangelndes Einfühlungsvermögen, Abwesenheit von Phantasie, Wertblindheit oder die fehlende geistige Reife von Kindern.

Als *Freiheit der Entscheidung* wird die Fähigkeit des Menschen bezeichnet, sein praktisches Handeln und Urteilen ganz unparteilich oder selbstbezogen zu bestimmen. Würde man den Familienvater aus dem vorangegangenem Beispiel nochmals nach dem Grund seiner Wahl für das Familienhaus befragen, so könnte seine Antwort darauf lauten: „Ich habe mich für das Familienhaus entschieden, da mir das Wohl meiner Familie, meiner Frau und meiner Kinder, sehr am Herzen liegt und ich es ausschließlich ihnen zuliebe tue und auf das Luxusappartment verzichte. Hätte ich mich dagegen für die andere Alternative entschieden, so hätte ich nur meine eigenen Interessen verfolgt und mich absolut egoistisch verhalten." Hier gelangt man wieder an den Punkt sittlich gut und sittlich schlecht bzw. moralisch und unmoralisch gegenüberzustellen. Damit ist nicht gemeint, dass ein sittlich guter im Vergleich zum sittlich schlechten Mensch besser ist bzw. die Selbstlosigkeit besäße eine höhere Moral als die Selbstsucht. Man geht ganz einfach davon aus, dass die selbstlose Liebe schlechthin gut, der Egoismus hingegen schlecht ist. Der Vater aus dem Beispiel wird nicht nur das geräumigere Haus vorziehen, sondern, wenn er seine Frau und Kinder liebt, in jedem anderen Fall zugunsten seiner Familie entscheiden. Auch wird fast jedermann einem Freund, der in Not geraten ist, helfen, wenn ihm die Möglichkeit dazu gegeben wird und nichts anderes dringlicher scheint. Würde man hingegen nicht helfen, obwohl man imstande dazu wäre, so würde man derjenigen nicht als Freund bezeichnen. Diese Beispiele verdeutlichen, dass der wesentliche Sinn freier Entscheidungen darin liegt, die Unentschiedenheit beiseite zu lassen und somit das sittlich gut zu handeln, d.h. sich frei gewollt am Standpunkt der Moral festzuhalten. *Die Freiheit der Entschiedenheit* kann folglich als Vollendung aller freien Entscheidungen, als die menschliche Fähigkeit, mit einer inneren und frei gewollten Art und Weise das sittlich Guten bzw. die Unparteilichkeit zu erkennen. Der Mensch entscheidet demnach nicht durch äußere Zwänge geleitet, sondern aus der freien Selbstbestimmung heraus.

Die Entschlossenheit zum Guten wird im Neuen Testament als „Freiheit" bezeichnet, die Entschlossenheit zum Schlechten dagegen als „Schuld" oder „Sünde". Die Schuld ist also als nichts anderes zu verstehen als eine egoistische und damit verkehrte Eigenschaft, mit welcher der Mensch sein Leben selbst ausgestattet hat. Von Schuld kann demzufolge jedoch nur sinnvoll im Zusammenhang von Verantwortlichkeit und Freiheit gesprochen werden.[57]

Betrachten wir nun zwei Beispiele, die ganz deutlich eine sittliche Inkonsequenz bzw. Willensschwäche zeigen, quasi ein Wollen mit gleichzeitigem nicht Wollen. Eine Lehrkraft vor, deren höchstes Ziel die Gerechtigkeit seiner Schüler gegenüber ist. Aufgrund großer Sympathie, die er für einen seiner Schüler empfindet, drückt er bei dessen Bewertung einer Notenbeurteilung ein Auge zu. Zwar sieht der Lehrer ein, dass seine Entscheidung absolut nicht mit dem Gerechtigkeitssinn einhergeht, doch fällt seine Entscheidung nichtsdestotrotz zugunsten des einen Schülers aus. Ein Ehemann, der seine Frau sehr liebt, äußert trotzdem die Bemerkung, er habe das komplette Geld mit in ihre Ehe gebracht und für finanzielle Sicherung gesorgt. Er ist sich dessen bewusst, dass er seine Ehefrau damit sehr trifft, doch kann bzw. konnte er diese Bemerkung einfach nicht unterlassen. In diesen beiden Beispielen sieht man ganz deutlich, dass eine ganz bestimmte Handlungsweise mit ihrer Grundeinstellung grundsätzlich verneint, zugleich aber auch bejaht wird. Wenn nun etwas im Grund des Herzens abgelehnt wird, man je-

---

[57] Vgl. Ginters, Rudolf (1982): Werte und Normen. Einführung in die philosophische und theologische Ethik, S. 291-297

doch trotzdem zustimmt, dann spricht die katholische Moraltheologie von *„lässlicher Sünde"*. Dabei handelt es sich um eine ganz freie Einwilligung zu einer Fehleinstellung bzw. einem Fehlverhalten, doch nicht in dem Ausmaß, das jegliche Moralität einer Person in Frage stellen würde. In solch einem Fall würde man dann von einer *„Todsünde"* oder *„schwerer sittlicher Schuld"* sprechen. Der Lehrer gibt seinen Gerechtigkeitssinn nicht auf und der Ehemann zweifelt die Liebe zu seiner Frau nicht an. Die Entscheidung für ihr Fehlverhalten ist also weder total noch definitiv, sondern ausschließlich halbherzig und vorläufig. Demzufolge ist es auch möglich, dass Egoisten aufgrund von „Inkonsequenz" hin und wieder etwas Gutes tun. Zwar hat die Moraltheologie bis dato noch keine Terminologie für dieses Phänomen entwickelt, doch könnte man von einer *Sittlichkeit im vorbereiteten Sinn* sprechen und diese somit von der *Sittlichkeit im vollen und eigentlichen Sinn*, über die bislang gesprochen wurde, abgrenzen.[58]

In den meisten Fällen scheinen wir ganz automatisch und selbstverständlich unserem Gewissen oder auch Bauchgefühlen zu folgen. Situationen, in denen wir einer ernsten Versuchung nachgehen, sind dagegen verhältnismäßig eher selten. Ganz häufig verpflichtet uns eine Notwendigkeit, und damit ist keine Last oder Zwang gemeint, sondern vielmehr eine Art „innere Stimme" das sittlich Gute zu tun.[59]

5. Moralpädagogik

Als Nächstes soll dargestellt werden, wie sich ein Moralbewusstsein bzw. eine moralische Urteilsfähigkeit einzelner Person entwickelt, wie Kinder Regeln erlernen und wie Maßstäbe für moralische Bewertungen des eigenen und fremden Verhaltens angelegt werden können. Hierzu werde ich ausschließlich Modelle der moralischen Entwicklung nach Lawrence Kohlberg berücksichtigt. Weiterhin werde ich anhand des Falls Phineas Gage die Anatomie des Menschen ansprechen, mit der Hintergrundfrage, ob Hirnareale existieren, die für die menschliche Moral verantwortlich sein können.

---

[58] Vgl. Ginters, Rudolf (1982): Werte und Normen. Einführung in die philosophische und theologische Ethik, S. 313 f.

[59] Vgl. Ebd., S. 298

5.1 Moralentwicklung

Lawrence Kohlberg entwickelte ein differenziertes Stufenmodell mit drei Hauptniveaus und sechs Stadien moralischen Verhaltens, wobei er dieses Modell auf Piagets Modell aufbaute. Dabei wurden Kindern und Jugendlichen eine Reihe von moralischen sowie hypothetische Konfliktsituationen, beispielsweise das Heinz-Dilemma [60] vorgelegt. Anschließend ordnete Kohlberg die einzelnen Antworten seinen jeweiligen Stufen zu, die logisch aufeinander aufbauen, wobei jede dieser Stufe umfassender und komplexer ist als ihre vorhergehende. Außerdem beinhaltet jede Stufe einen Entwicklungsschritt, der einen Zugang zur nächsten Stufe ermöglicht. Folglich ergibt sich daraus, dass zuerst eine Stufe durchlaufen werden muss, um in eine andere eingeordnet werden zu können. Jedes Individuum kann sich zu einer bestimmten Zeit nur auf einer einzigen Stufe befinden.

Die Lösung von Dilemmata bzw. Konfliktsituationen ist der Grund für die moralische Entwicklung, die allerdings nicht an Altersnormen gekoppelt sind. Es geht dabei nicht um festgelegte Altersstufen, sondern um kognitive Stadien, in denen sich das Individuum zu diesem Moment befindet. [61]

Präkonventionelle Ebene

In der ersten Ebene der moralischen Entwicklung teilt Kohlberg diese in zwei Stufen ein. Die erste, die heterogene Stufe, ist gekennzeichnet durch Gehorsam und Bestrafung. D.h. ein Kind versucht, Bestrafungen zu vermeiden, eingeschüchtert durch die überlegene Macht ihrer Autoritäten. Ob eine Handlung für gut oder böse eingestuft wird, ist von physischen Folgen abhängig. Als gut wird blindes Gehorsam gegenüber Autoritäten und Vorschriften empfunden. Beispielsweise das Umgehen von Erduldung körperlichen Leids und die Vermeidung von Strafen stellen in diesem Stadium Werte an sich dar, die jedoch nicht als verinnerlichte Moral vermittelt werden. Das bedeutet nun, dass, erstens, der Handelnde Interessen anderer nicht berücksichtigt oder, zweitens, die Verschiedenheit zwischen seinen Interessen und deren anderer nicht erkennt, oder drit-

---

[60] Eine todkranke Frau litt an einer besonderen Krebsart. Es gab ein Medikament, das nach Ansicht der Ärzte ihr Leben hätte retten können. Ein Apotheker der Stadt hatte es kurz zuvor entdeckt. Das Medikament war teuer in der Herstellung, der Apotheker verlangte jedoch ein Vielfaches seiner eigenen Kosten. Heinz, der Ehemann der kranken Frau, borgte von all seinen Bekannten Geld, brachte aber nur die Hälfte des Preises zusammen. Nach ergebnislosen Verhandlungen mit dem Apotheker brach Heinz in der Apotheke ein und stahl das Medikament für seine Frau.

[61] Vgl. Baumgartl, Franzjörg (1997): Theorien der Sozialisation. Erläuterungen, Texte, Arbeitsaufgaben, S. 189-192

tens, unterschiedliche Gesichtspunkte nicht miteinander in Beziehung setzt. Bestimmte Handlungen werden nach ihrem äußeren Erscheinungsbild beurteilt, nicht nach ihren dahinter stehenden Intentionen. Sowohl die eigene Perspektive als auch die der Autorität werden miteinander verwechselt.

Als Grundsatz dieser ersten Stufe kann die Parole „Macht ist Recht!" gelten.

Nach dieser Stufe folgt dann die zweite präkonventionelle Stufe. Diese lässt sich auch als die Stufe des Individualismus, des Austauschs und des Zielbewusstseins bezeichnen. Durch ihre instrumentell-relativistische Orientierung wird sie ganz klar gekennzeichnet. Ob nun eine Handlung richtig oder falsch ist, wird durch die instrumentelle Befriedigung gemessen. Gut ist ein Verhalten, wenn die Person eigenen oder Bedürfnissen anderer dient. Die zwischenmenschliche Beziehungen der Gesellschaftsmitglieder kann mit einer Markt-Beziehung verglichen werden. Darum sollte im Sinne eines wirklichen Austauschs ehrlich und gerecht miteinander umgegangen werden. Zwar gibt es Grundvorstellungen von Gerechtigkeit und Fairness, jedoch werden diese rein physisch und pragmatisch interpretiert, d.h. Gegenseitigkeit ist weder von Loyalität noch von Gerechtigkeit geprägt. Hier geht es vordergründig darum, die eigenen Bedürfnisse zu befriedigen, wobei akzeptiert wird, dass auch alle Mitmenschen bestimmte Interessen besitzen und verfolgen. Außerdem sieht das Individuum ein, dass verschiedene charakteristische Interessen miteinander in Konflikt stehen, so dass Gerechtigkeit (im konkret-individua--listischen Sinne) relativ ist. Als exemplarische Maxime der zweiten Stufe gilt hier „Eine Hand wäscht die andere".[62]

Konventionelle Ebene

Auch diese Ebene teilt Kohlberg in zwei weitere Stufen ein, wobei die erste Stufe dieser Ebene gleichzeitig die dritte des gesamten Modells darstellt. Hier stehen vor allem wechselseitige Erwartungen bzw. Beziehungen und interpersonale Konformität im Mittelpunkt. Eine Orientierung an personengebundener Zustimmung oder auch das „Goodboy"/ „Nice-girl" - Modell ist kennzeichnend für diese Stufe. Findet ein bestimmtes Verhalten die Zustimmung anderer, wird es als richtig bewertet. Das heißt gleichzeitig: ist man „nett" (nice), dann findet man die gesuchte Zustimmung anderer. Gut ist es, eine gute, nette Rolle zu spielen und sich dabei um andere zu kümmern. Des Weiteren sollte man sich Partnern gegenüber zuverlässig und loyal verhalten und geneigt sein, sich an Regeln zu halten und somit Erwartungen anderer zu erfüllen. Oftmals werden Handlun-

---

[62] Vgl. Kohlberg Lawrence (1996): Die Psychologie der Moralentwicklung, S. 128 f.

gen nach ihrer Absicht bewertet. Der Handelnde ist sich gemeinsamer Gefühle, Übereinkünfte und Erwartungen völlig bewusst, die den Vorrang vor individuellen Interessen erhalten. Durch die sogenannten „konkreten goldenen Regeln" bringt er nun unterschiedliche Standpunkte miteinander in Beziehung, indem sich die Person in die Lage des jeweils anderen versetzt.

Die letzte, die zweite Stufe der konventionellen Ebene (die vierte im Gesamtmodell), ist charakterisiert durch die Orientierung an Recht und Ordnung. Im Mittelpunkt steht hier die Aufrechterhaltung dieser Ordnung und des sozialen Systems. Auch festgelegte Regeln und Autoritäten spielen eine ganz zentrale Rolle. Das Hauptziel dieser Stufe ist daher, Autoritäten mit Respekt zu begegnen und seine Pflicht zu tun. Gut ist daher derjenige, der seine Pflichten in der Gesellschaft erfüllt, die soziale Ordnung aufrecht erhält und für die Wohlfahrt der Gesellschaft Sorge trägt.[63]

Bis zu diesem Zeitpunkt, d.h bis zur letzten Stufe des Entwicklungsmodells Kohlbergs, kann behauptet werden, der Heranwachsende befinde sich innerhalb der geschlossenen Moral, wie ich sie bereits nach Bergson beschrieben habe. Dagegen gelangt der Mensch automatisch mit dem Erlangen der postkonventionellen Ebene in die offene.

Postkonventionelle, autonome oder von Prinzipien geleitetet Ebene

Die erste Stufe dieser Ebene, auch legalistische Stufe genannt, ist durch eine Orientierung am Sozialvertrag gekennzeichnet und wird allgemein mit utilitaristischen[64] Zügen in Verbindung gebracht. Ein Verhalten wird hier dann als gut eingeschätzt, wenn es im Konsens zu generellen Rechten und Standards steht. Verhaltensregeln für eine Konsensfindung ist den Gesellschaftsmitgliedern besonders wichtig, da diese über die Bandbreite und Relativität eigener Meinungen und Werthaltungen Bescheid wissen. Jeder einzelne Mensch versteht die Relativität von Werten und Normen einzelner Personen, Gruppen und Gesellschaften, versucht jedoch, sich durch die Grundlage eines Sozialvertrages, mit den jeweiligen Personen, Gruppen und Gesellschaften zu verständigen. Wenn höhere Prinzipien es verlangen, können Gesetze revidiert werden. Generell haben soziale Systeme den Zweck, ihren Mitglieder zu nutzen und diese zu schützen. Andersherum wird jedoch nicht angenommen, dass die Gesellschaftsmitglieder den Zweck haben, ihrer Gesellschaft zu dienen. Außerhalb eines gesetzlich bestimmten Bereichs beruhen

---

[63] Vgl. Kohlberg Lawrence (1996): Die Psychologie der Moralentwicklung, S. 129 f.

[64] Der Utilitarismus begründet sich auf die Lehre, die im Nützlichen die Grundlage des sittlichen Verhaltens sieht und ideale Werte nur anerkennt, sofern sie dem Einzelnen oder der Gemeinschaft nützen.

Verpflichtungen auf freien Vereinbarungen und Verträgen. Man kann hier also von einer der Gesellschaft vorgeordneten Perspektive sprechen, die sich der Existenz von Rechten und Werten bewusst ist. Außerdem zieht die Person sowohl moralische als auch legale Gesichtspunkte in Betracht und lässt zu, dass diese sich gelegentlich widersprechen. Dennoch wird versucht, diese zu integrieren.[65]

Die zweite Stufe der postkonventionellen Ebene und zugleich letzte Stufe des Gesamtmodells Kohlbergs wird als Stufe der universalen ethischen Prinzipien bezeichnet. Gesellschaftliche Ordnungen lassen sich von selbstgewählten Prinzipien ableiten, wobei allgemeine Prinzipien, wie bspw. der Kategorische Imperativ Kants als höchstes Strebensziel gelten. Dabei handelt es sich um Ziele wie Gleichheit, Gegenseitigkeit und Gerechtigkeit aller Menschenrechte. Als Recht gilt all das, was durch Reflexion mit den ethischen Prinzipien in Einklang gebracht wird. In dieser letzten Stufe geht es nun um die Perspektive eines moralischen Standpunktes, von der sich die gesellschaftlichen Ordnungen herleiten lassen. Ein rationales Individuum, welches das Wesen der Moralität anerkennt, nämlich, dass jede einzelne Person seinen (End-)Zweck in sich selbst trägt und auch dementsprechend behandelt werden muss.[66]

Insgesamt darf man nun behaupten, dass sich Kinder ganz frühzeitig moralisch nennen dürfen. Innerhalb der Pubertät beginnen sie damit, sich moralische Fragen zu stellen und sich diese durch bestimmtes und bewusstes Handeln und dessen Reflexion auch selbst zu beantworten. Während des Heranwachsens machen sie gute und schlechte Erfahrungen, die sich ihnen bei der Entwicklung ihrer Moral als enorm nützlich erweisen. Als Erwachsener ist das Individuum schließlich schon einmal in der Lage, sich eventuelle Scheingründe dafür zu formulieren, wenn sie unter gegebenen Umständen einmal nicht moralisch gehandelt haben.[67]

5.2 Die menschliche Anatomie

Immer wieder fragen wir uns, wie auch schon einige Forschungen gezeigt haben, ob es eine Region in unserem menschlichen Gehirn gibt, die zu unserem sozialen bzw. moralischen Verhalten beiträgt.

---

[65] Vgl. Mendl, Hans (2012), Religionsdidaktik kompakt, S. 36

[66] Vgl. Baumgartl, Franzjörg (1997): Theorien der Sozialisation. Erläuterungen, Texte, Arbeitsaufgaben, S. 183 f.

[67] Vgl. Kohlberg Lawrence (1996): Die Psychologie der Moralentwicklung, S. 131 f.

Neurologen wissen seit dem Vorfall eines amerikanischen Schienenarbeiters Phineas Gage im Jahr 1848, dass eine Verletzung im vorderen Hirnbereich die Persönlichkeit drastisch verändern kann. Am 13. September 1848 füllt der 25-jährige Eisenbahnarbeiter in der Nähe von Cavendish in Vermont ein Bohrloch mit Sprengstoff und stopft mit einer Eisenstange nach. In einem Moment der Unachtsamkeit explodiert der Sprengstoff, so dass die Stange durch den linken Unterkiefer in Gages Kopf dringt, den Schädel durchschlägt und einige Meter hinter dem Mann landet. Doch kurz nach diesem Unfall ist Gage schon wieder bei Bewusstsein und ist sogar in der Lage zu sprechen. Er besteht sogar darauf, ohne Hilfe zu dem Wagen zu gehen, der ihn in die Stadt bringen soll. Während der Fahrt unterhält sich sogar anwesenden Arzt John Martyn Harlow. Nach diesem Unfall lebte Gage noch zwölf Jahre lang ohne gravierende Schäden davon getragen zu haben. Zwar grenzt dieser Unfall an ein großes Wunder, doch ganz spurlos ist er nicht an ihm vorbeigegangen. Vor dem Ereignis war der junge Mann als ein freundlicher und beliebter Kollege und Freund bekannt gewesen. Doch dies änderte sich sehr schnell nach seinem Unfall: Gages Charakter veränderte sich enorm. Einige Bekannte und Verwandte behaupteten sogar, er sei nicht wieder zu erkennen. Er sei ein anderer Mensch. Er galt nur noch als launisch, respektlos, stur und ohne jegliche Achtung seiner Mitmenschen. Ja sogar als asozial wurde er beschrieben. Sein Verhalten hat zur Folge, dass ihn sein ehemaliger Arbeitgeber nicht mehr beschäftigen wollte. Also arbeitete Gage als Kutscher in Chile und stellte sich sogar den New Yorker Barnum´s American Museum zur Verfügung. Ab dem Jahr 1870 leidet er unter so starken epileptischen Anfällen, so dass er sieben Jahre darauf an einem solchen stirbt.[68] Seine Leiche wird begraben, während sein Schädel und die Eisenstange vom Unfalltag an seinen Hausarzt Dr. Harlow gehen, der erstmals 1868 den Fall Gage veröffentlicht.

Gage wird aufgrund der Funktion seiner Hirnarealen zu einem der spannendsten und historischer Fälle für Neurowissenschaftler. Da nach seinem Tod allerdings weder Reste seines Gehirn übrig blieben und auch keine Autopsieberichte existieren, kann ein konkreter Schaden des Gehirns nicht erforscht werden. Doch im Jahr 2001 unternahmen Forscher der Universität Havard mit Erlaubnis vom Warren Anatomical Museum Boston, in dem der Schädel bislang aufbewahrt wurde, eine Computertomografie von Gages Schädel. Die erforschten Daten sind kurz nach der Untersuchung allerdings ver-

---

[68] Vgl. Precht, Richard David (2011): Warum gibt es alles und nicht nichts? Ein Ausflug in die Philosophie, S. 89-98

schwunden. Doch haben Psychologen und Wissenschaftler der School of Medicine der Universität Kalifornien in Los Angeles die von Gage existierenden Bilder wieder entdeckt und genau rekonstruiert, welche Gehirnareale Gages durch den Unfall genau betroffen waren. Zuerst begannen die Forscher, die Flugbahn der Eisenstange durch Gages Schädel exakter zu berechnen, wofür sie nebst einer Computertomografie andere Daten, wie beispielsweise das Anzeichen auf einen locker geschlagenen Zahn, benutzten. Die Wissenschaftler kamen auf das Ergebnis von über zehn Millionen möglicher Wege und maßen Gehirne 110 verschiedener Männern. Daraus erstellten sie ein durchschnittliches Gehirn, das dem Schädelknochen Gages angepasst wurde.

Summa summarum ergab ein Resultat, dass die Stange sowohl eine Gehirnfurche, die für die eigene Selbstwahrnehmung zuständig ist als auch eine als auch eine Inselrinde, die für sämtliche Emotionen verantwortlich ist, durchgeschlagen haben muss. Die Mittellinie des Gehirns wurde offensichtlich nicht beschädigt, wie sie wahrscheinlich in früheren Untersuchungen der Meinung waren. Allerdings wurde die rechte Gehirnhälfte beschädigt, da ein ganz wesentlicher Teil Weißer Substanzen zerstört wurde, welche die bereits defekten Bereiche mit der rechten Gehirnhälfte verband.

Generell sprechen alle Symptome Gages und Untersuchungen der Wissenschaftler dafür, dass es wohl eine Gegend in unserem Gehirn gibt, die uns zu moralischen bzw. sozialen Verhalten treibt, die im Fall Gages offensichtlich zerstört wurde und er ab diesem Zeitpunkt als ein eher unangenehmer Mensch galt. Er war weder freundlich noch hilfsbereit, vielmehr egoistisch und ein Alleingänger. Interessant ist diese Rekonstruktion allerdings nicht nur aus historischen Gründen. Auch bei Demenzkranken und Alzheimerpatienten, bei denen die erwähnte Weiße Substanz beschädigt wurde, wurden Symptome erkannt, die denen von Phineas Gages sehr ähneln.[69]

5.3 Die Motivation

Auf die Frage „Warum hast du das getan?" erwarten wir eine Antwort, die uns Auskunft darüber gibt, welche „guten Gründe" eine Person für seine Handlung in diesem Moment besaß. Die von ihr angegebenen Gründe können wir gegebenenfalls einer Kritik unterziehen. Dabei geht es darum, ob das Verhalten effizient oder ineffizient, richtig oder falsch, gut oder schlecht ist. Mit demselben Wortlaut kann jedoch auch etwas anderes

---

[69] Vgl. Trepel Martin (1999): Neuroanatomie - Struktur und Funktion, S. 200-207

gemeint sein, nämlich die *Motive* einer Handlung. Fragen wir auf diese Art und Weise, so wollen wir verstehen, was den Handelnden zu seinem Tun geführt hat. Wir sind also daran interessiert, wie das Zustandekommen der Handlung erklärt werden kann. Die Gründe als *Rechtfertigungen* und Motive als *Ursachen* von Handlungen sollten nicht miteinander verwechselt werden. Es können beste Gründe für ein Tun geben, ohne jegliche Motive dafür, eine Handlung auch tatsächlich auszuführen. Andersrum kann man zu einem Verhalten motiviert sein, obwohl sehr gute Gründe gegen ihre Ausführung sprechen. Demnach scheint es kein Zufall zu sein, dass uns für die Frage nach bestimmten Handlungsgründen und für die Frage nach Handlungsmotiven nur eine Formulierung vorliegt. Ein klare Grenze zwischen den Gründen und den Motiven ist höchstwahrscheinlich auch verantwortlich dafür, dass die moralphilisophische Diskussion über die die Motive moralischen Handelns zu der Beantwortung der Frage „Warum moralisch sein?" führt. Bevor ich näher auf die unterschiedlichen Motive der Moral eingehe, möchte ich zunächst die Frage klären, ob moralische Gründe schon von sich aus motivierend sind oder ob moralisches Handeln auf außermoralische Quellen des Handelns angewiesen sind. Sogenannte "Internalisten" nehmen an, dass ein sehr enger Zusammenhang zwischen moralischen Gründen und den entsprechenden Motiven existiere. Das heißt, durch die Gründe, im Falle eines Bewusstseins darüber, ist notwendigerweise auch ein Motiv des Handelns gegeben. Auf der anderen Seite verneinen die "Externalisten" diese enge Verbindung. Der behauptete Zusammenhang des Internalismus betrifft nicht die Moral selbst, sondern unser Bewusstsein für diese. Die Internalisten sind der Meinung, eine moralische Überzeugung zu besitzen ist notwendigerweise mit einem Motiv zum entsprechenden Verhalten verbunden. Ob dieses Verhalten allerdings auch so ausgeführt wird, liegt immer noch in der Entscheidung des Handelnden.

Der moraltheoretische Internalismus behauptet also, dass zwischen dem Bewusstsein der Existenz moralischer Gründe und der Existenz von Motiven für moralisches Handeln eine *notwendige* Verbindung besteht. Der Externalismus behauptet dagegen, dass diese Verbindung *kontingent* ist. Demzufolge wäre dann durchaus vorstellbar, dass eine Person, die davon überzeugt ist, eine bestimmte Handlung aus moralischen Gründen ausführen zu müssen, dennoch kein Motiv besitzt, entsprechend zu handeln. Nach der Auffassung der Externalisten muss also stets ein „externes" Motiv hinzukommen. Andernfalls würde moralischen Handlung niemals ausgeführt werden.[70] Welche externen Motive des moralischen Handelns existieren, soll im Folgenden geklärt werden.

5.3.1 Die Empathie

Nach Meinung der Kritiker kann ein moralisches Verhalten nur damit erklärt werden, dass emotionale Haltungen gegenüber anderer Menschen existieren, wie sie auch im Prinzip der Fürsorge und in Motiven für Empathie und Sympathie ausgedrückt werden. Und genau eine solche Gefühlsbeziehung bildet eine ganz obligatorische Bedingung für eine Orientierung am Wohl anderer Personen und wird damit zugleich die Motivation für moralisches Handeln überhaupt. Demnach erzeugen Gefühle den Grund, Belange der Mitmenschen einzubeziehen und vielleicht ebenso darunter zu leiden. Laut Hoffman zeichnet sich eine moralische Person durch zwei ganz wesentliche Merkmale aus. Ersten besitzt diejenige Person das Motiv, in seinem Verhalten auf andere Rücksicht nehmen zu wollen, was genau dann zur Geltung kommt, wenn das Wohlergehen der Anderen von dessen Handeln abhängig ist. Zweitens besitzt die moralische Person die Disposition, moralische Emotionen nachzuempfinden, wie beispielsweise Scham- oder Schuldgefühle. Hoffman meint weiter, dass solche Schuldgefühle die Grundbasis unserer Empathiefähigkeit darstellen. Das bedeutet nun, dass moralische Urteile erst durch Emotionen, die zu Motiven werden, eine Bedeutung für unser Handeln auslösen.[71]

5.3.2 Die Verpflichtung

Nach Kants Auffassung der Moral, versteht man unter einem moralischen Menschen denjenigen, der das moralisch Richtige tut, da es seine Pflicht ist. Ein Mensch bietet also dahingehend jemandem seine Hilfe, wenn sich derjenige in Not befindet, da der Helfende es für moralisch richtig hält, zu handeln. Ein Mensch, der also aus moralischer Pflicht handelt, orientiert sich in jedem Fall an der Moral, die ihn motiviert. (Vgl. Kapitel 2.3)

---

[70] Vgl. Frankena, William K. (1958): Obligation and Motivation in Recent Moral Philosophy, S. 49-73 u. 223-227

[71] Vgl. Fischer, Johannes/Gruden, Stefan (2010): Die Struktur der moralischen Orientierung. Interdisziplinäre Perspektiven, S. 168 f.

5.3.3 Der Egoismus

Im Egoismus sieht Schopenhauer die menschliche sowie tierische Haupt- und Grund-
triebfeder. Dies äußert sich vor allem im *„Drang zum Daseyn und Wohlseyn"* (Schopenhauer 2007:94), d.h. jedes Individuum besitzt einen sehr starken Willen zum Leben
und ordnet diesem alles unter. Daher entspringen die meisten, wenn nicht alle, Handlungen aus dem Egoismus, denn die primäre Triebfeder ist allein auf das eigene Wohl
ausgerichtet und infolgedessen amoralisch. Ein Mensch nimmt nur sich selbst wirklich
wahr und sieht in seinem Gegenüber bloße Erscheinungen. Würde dem Egoismus also
nichts entgegenstehen, so lebe der Mensch in der Situation des *bellum omnium contra
omnes*[72]. Erfahrungen zeigen jedoch auch, dass dem Egoismus als Ursprung aller ge-
wöhnlichen nichtmoralischen Handlungen eine sittliche Triebfeder entgegensteht, nämlich, dass wir Menschen auch Menschenliebe und freiwillige Gerechtigkeit erfahren. [73]

Im *principium individuationis*[74] zeigt sich der Egoismus. Der egoistische Mensch grenzt
sich nicht nur zeitlich und räumlich ab, sondern schreibt seinem Gegenüber ein anderes
Wesen zu. Durch eine separate Wahrnehmung passiert es, dass ein Mensch dem anderen
Leid zufügt. Demnach kann Egoismus als ein Verbleiben im Individualprinzip beschrieben werden. Erst durch Mitleid erkennt der Mensch sich in seinem Mitmenschen selbst.
Dieses Prinzip hindert den Menschen also daran, am Schicksal des anderen teilzuneh-
men. Nur eine Trennung hebt das Mitleid auf, während sich zugleich das Individuum als
Wesen gleicher Identität erkennt. Als Zwischenstufe dieser Erkenntnis dienen die Tugenden der Menschenliebe und der freiwilligen Gerechtigkeit.

Zu unterscheiden ist der ethische vom psychologischen Egoismus. Der starke ethische
Egoismus meint eine Lebensweise wie bspw. nach Art des Kategorischen Imperativs.[75]

---

[72] Mit der Theorie vom "Krieg aller gegen alle" postulierte Thomas Hobbes in seinem Werk Leviathan
(1651), dass der Mensch im Naturzustand nicht friedlich mit seinem Mitmenschen zusammenleben
würde. Jeder muss letztlich sein eigenes Leben absolut setzen – verliert er es, so verliert er alles, was er
besitzt.

[73] Vgl. Weiper, Susanne (2000): Triebfeder und höchstes Gut. Untersuchungen zum Problem der sittlichen
Motivation bei Kant, Schopenhauer und Scheler, S. 122 f.

[74] Das Grundprinzip allen Seins ist nach der Wille (zum Dasein), der als solcher nicht weiter hinterfragt
werden kann. Ist dieser Wille das "Das Ding an sich" im Anschluss an Kant, so ist jedes konkrete Sei-
ende, die Ontologie all dessen, was es in raum- zeitlicher Form gibt, Effekt des „principium individuationis", das dieser Urwille aus sich entwickelt: Die Welt der Erscheinung, der „Schleier der Maya". Das
Individuationsprinzip ist als Entgegensetzung des einen Willens in die vielen Einzel-Willen Ursache
des Leidens und bedarf der philosophischen Durchdringung (Tat Tvan Asi), die in einer ethisch moti-
vierten, gleichsam buddhistischenVerneinung des Willens mündet.

[75] Vgl. Birnbacher, Dieter (2007): Analytische Einführung in die Ethik, S. 331

Dem schwachen ethischen Egoismus dient als Grundlage die Vertragstheorie [76], die dem ökonomischen Prinzip folgt, d.h. mit vorhandenen Mitteln ein maximaler Nutzen erzielt werden soll.[77] Der psychologischer Egoismus hingegen meint die Tatsache, dass alles menschliche Verhalten, Handeln und Streben, auch das unbewusste, letztlich darauf abzielt, sein individuelles Wohlbefinden oder Glück zu erreichen und dieses zu steigern sowie eigene Wünsche, Interessen und Ziele zu verwirklichen.[78]

5.3.4 Das Mitleid

Unter dem Wort „Mitleid" versteht man im allgemeinen Sprachgebrauch *„ein auf den Mitmenschen ausgerichtetes Gefühl, das von dessen Leiden inspiriert ist mit dem Ziel zu helfen"* (Prechtl/Burkhard 2008:379) als ein wesentlicher Begriff der Ethik.[79] Nach Arthur Schopenhauer, dessen Orientierung sehr stark vom Buddhismus geprägt ist[80], wird das Mitleid dem Gesamterleben gleichgesetzt, da das Leiden zur Grundsubstanz des Wirklichen gehört.

Aber wie entsteht unser Mitleid und aus welchen Trieben heraus handeln wir? Gerechtigkeit und Egoismus sind in Schopenhauer´s Augen – wie auch in den meisten anderer – absolute Gegenspieler. Genauso sieht er dies in Bezug auf die Menschenliebe gegenüber dem Übelwollen bzw. der Gehässigkeit. Unter diesen beiden Wesensmerkmalen (Gerechtigkeit und Menschenliebe) versteht er die menschlichen Kardinalstugenden, wobei die freiwillige Gerechtigkeit der Menschenliebe untergeordnet ist, da diese dem Mitleid in Hinsicht auf das Wohlwollen eines anderen ähnlicher ist.

Der Philosoph nimmt an, dass jedermann bereits Personen kennen gelernt hat, die (vermutlich) wahrhaft ehrlich sind. Deren Anregung zu ihrem Verhalten ist das Prinzip *„dem Anderen sein Recht widerfahren zu lassen"* (Schopenhauer 2007:101). Allein derartige Taten haben gewissermaßen einen moralischen Wert und erklären sich durch die bloße Abwesenheit aller egoistischer Triebkraft. Nun kommt aber die Frage auf, aus welchen

---

[76] Theorie, die staatliche Rechtsordnungen moralisch und institutionell begründet.

[77] Vgl. Müller, Thomas (2009): Unternehmensethik und Corporate Citizenship, S. 60

[78] Vgl. Wolf, Jean-Claude (2011): Das Böse, S. 34 f.

[79] Vgl. Prechtl, Peter/Burkhard, Franz-Peter (2008): Metzler Lexikon; Philosophie, S. 379

[80] Dies zeigt sich insbesondere in dem von Schopenhauer oft verwendeten buddhistischen Grundsatz tat tvam asi. Der Buddhismus geht davon aus, dass alle Existenz leidvoll ist und nur durch Erreichen des Nirwanas überwunden werden kann.

Gründen es zu solchen Handlungen kommt. Um der Antwort einen beweisenden Charakter zu geben, stellt Schopenhauer neun Prämissen auf: Keine Tat, Handlung oder Verhalten bzw. ein bewusstes Unterlassen eines solchen (7), darf ohne ein angemessenes Motiv geschehen (1) bzw. ohne ein besseres Gegenmotiv verhindert werden (2); jedes Handeln muss eine *„Beziehung auf Wohl und Wehe haben"* (Schopenhauer 2007: 106) (3) sowie sich als letzten Zweck adressieren an ein *„für Wohl und Wehe empfängliches Wesen"* (4); das entweder den Handelnden selbst oder einen passiven Beteiligten triff (5); falls der Handelnde selbst der Adressat ist, gilt die Handlung als egoistisch (6) und besitzt demzufolge keinen moralischen Wert (8) und aus Mangel an der Existenz von Pflichten gegen uns selbst liegt die moralische Intensität einer Handlung *„in ihrer Beziehung auf Andere"* (Schopenhauer 2007:106) (9).[81]

Demnach bestehen moralische Handlungen darin, Leiden zu minimieren bzw. niemandem zu schaden (Gerechtigkeit) und zu helfen (Menschenliebe).[82]

Nach Arthur Schopenhauer existieren drei grundlegende Beweggründe aus deren Erregung sich Anreize für bestimmte Handlungen herausbilden:

„a) Egoismus; der das eigene Wohl will (ist gränzenlos)

   b) Bosheit; die das fremde Wehe will (geht bis zur äußersten Grausamkeit)

   c) Mitleid; welches das fremde Wohl will (geht bis zum Edelmuth und zu Großmuth)"

(Schopenhauer 2007: 108)

Auf diese drei Motive lässt sich fast jedes menschliche Verhalten zurückführen. Eine Konsequenz dieser Motive ergeht somit aus den Prämissen der strengen Triebkraft aller Aktionen sowie in Bezug auf das eigene oder fremde Wohl oder Wehe.[83] Nach Schopenhauer kann ein Verhalten nur dann als moralisch bezeichnet werden, wenn es kein einziges egoistisches Motiv beinhaltet. Der Egoismus muss umgekehrt werden, das fremde Wohl muss unmittelbar zu meinem Motiv werden, wie es sonst nur mein eigenes Wohl ist. Daraus schließend können abermals nur Handlungen aus Mitleid einen wahren moralischen Wert enthalten. Die dafür benötigte und unmittelbar Mitwirkung wird al-

---

[81] Vgl. Schopenhauer, Arthur (2007): Über die Grundlage der Moral, S. 100-107

[82] Vgl. Hallich, Oliver (1988): Mitleid und Moral. Schopenhauers Leidensethik und die moderne Moralphilosophie, S. 43

[83] Vgl. Weiper, Susanne (2000): Triebfeder und höchstes Gut. Untersuchungen zum Problem der sittlichen Motivation bei Kant, S. 125

lerdings nur durch das Leiden angeregt. Die Begründung dafür sieht Schopenhauer darin, *„dass der Schmerz, das Leid* [...], *DAS POSITIVE, DAS UNMITTELBAR EMP-FUNDENE IST"* (Schopenhauer 2007: 108).

Auch beim Mitleid können verschiedene Arten unterschieden werden. Situationen, in denen wir Mitleid empfinden, erschließen sich in den meisten Fällen durch emotionale Konstruktion, weniger durch kognitive Wahrnehmung. Bevor wir unsere Mitmenschen kognitiv erkennen bzw. präpositional bestimmen, nehmen wir diese wahr, indem wir sie sowohl emotional erleben als auch affektiv auf sie reagieren. Emotionen sind dasjenige, womit wir auf primäre Art und Weise Situationen qualitativ erschließen und diese mit Grundemotionen wie Freude, Angst, Wut oder Ekel verknüpfen. Würde der Mensch fremde Gefühle weder nach- noch mitempfinden, so könnten sich seine eigenen Gefühle nicht distinktiv herausbilden. Und genau dieses Mit- bzw. Nachempfinden fremden Glücks und Unglücks wird zum *Mitgefühl*.[84]

Aber was ist mit dem Gefühl der *Mitfreude*? Auch dafür bedarf normalerweise einer unmittelbaren Teilnahme an Emotionen anderer. Befindet sich mein Gegenüber in einem glücklichen und zufriedenen Moment, so ist uns das nach Schopenhauer ziemlich gleichgültig. Wir können uns zwar mitfreuen, doch auch nur deswegen, weil wir sein vorheriges Leid kennen. Diese unmittelbare Teilnahme an den Gefühlen wird nur durch Entbehrung, Leid und Unglück ausgelöst. Auch an unserer eigenen Person ist das nach Schopenhauer wahrnehmbar:

„Erregt doch sogar FÜR UNS SELBST, eigentlich nur unser Leid [...], *unsere Thätigkeit; während ein Zustand der Zufriedenheit und Beglückung uns unthätig und in träger Ruhe Läßt:* [...]." (Schopenhauer 2007:109)

Ganz allgemein formuliert versteht man unter Mitleid *„Phänomene, bei denen eine Person mit einer anderen innerlich „mitgeht": Mitgefühl in diesem weiteren Sinne kann auch bedeuten, sich über die glücklichen Umstände, deren sich eine andere Person erfreut, mitzufreuen."* (Thomä 2006:196)

---

[84] Vgl. Dalferth, Ingolf/Hunziker, Andreas (2007): Mitleid, S. X und XI (Einleitung)

5.3.5 Die Gerechtigkeit und die Menschenliebe

Schopenhauer unterscheidet zwei Grade, „*in welchen das Leiden eines Anderen unmittelbar mein Motiv werden* [...] *kann"* (Schopenhauer 2007:111). Er unterscheidet, erstens, das Mitleid, das boshaften und egoistischen Motiven entgegenwirkt und eine Person davon abhält, einer anderen ein Leid zuzufügen und, zweitens, das Mitleid, das eine Person zu tätiger Hilfe antreibt. Während der erste Grad in der Tugend der Gerechtigkeit seinen Ausdruck findet, äußert sich der zweite Grad in der Tugend der Menschenliebe. Allein aus dem Mitleid, das ein ganz wesentlicher Bestandteil unseres menschlichen Bewusstseins ist und in der menschlichen Natur ihren Ursprung hat, entspringen diese beiden Kardinaltugenden.

Die Gerechtigkeit mit der Maxime *Neminem laede; imo omnes, quantum potes, juva*[85] tritt der Bosheit entgegen. Hier erweist sich die Schwäche von Schopenhauers Gerechtigkeitsbegriff, da dieser mehr als die bloße Verhinderung des Leides, das man einem anderen zufügt, beinhaltet. Sein Gerechtigkeitsprinzip enthält eine strenge Grenze zwischen Nichtverletzen und helfen, was in einer sozialen Gesellschaft nicht standhalten kann.[86] Demzufolge schließt die Menschenliebe, der zweite Grad des Mitleids, die Gerechtigkeit mit der in ihr enthaltenen Auffassung des Nichtverletzens mit ein.

Arthur Schopenhauer hebt des Öfteren hervor, dass der Prozess des Mitleid sehr rätselhaft und mysteriös verläuft, da immer wieder Gerechtigkeit und Menschenliebe ausgedrückt werden, die empirisch erlebbar sind. Dadurch, dass das Leiden einer Person eine andere Person rasch berührt, folgt ein bestimmtes Verhalten: Die berührte Person hilft. Eine wahre Menschenliebe offenbart sich nämlich darin, dass das Helfen ganz unabhängig von einer Belohnung durchgeführt wird. Anderenfalls wäre dies eine egoistische und zugleich amoralische Handlung.

Wenngleich sich im ersten Moment eine Unterscheidung zwischen Schopenhauers Begriff des Mitleids und der Menschenliebe als besonders schwierig erweist, sind trotz alledem zwei markante Unterschiede zu erkennen: Die Menschenliebe ist ein weltweites und permanentes Gefühl, während das Mitleid ganz spontane Emotionen hervorruft. Erst durch eine bestimmte Handlung gewinnt das Mitleid seinen moralischen Wert.[87]

---

[85] "Verletze niemanden; vielmehr hilf allen, soweit du kannst."

[86] Vgl. Röhr, Reinhard (1985): Mitleid und Einsicht. Das Begründungsproblem in der Moralphilosophie Schopenhauers, S. 117- 124

[87] Vgl. Schopenhauer, Arthur (2007): Über die Grundlage der Moral, S. 112

5.3.6 Die Schuld und das schlechte Gewissen

Nach Friedrich Nietzsche ist das „Bewusstsein der Schuld" das „schlechte Gewissen".
Das Wort „Schuld" stammt ursprünglich von dem eher materiellen Wort „Schulden".
Nietzsche meint, dass in der Historie der „älteren Menschheit" ein Schuldiger nicht deshalb bestraft wurde, weil er mit Hilfe einer Strafe für sein Vergehen verantwortlich gemacht wird, sondern um einem Gläubiger die Genugtuung über den „erlittenen Schaden" zu verschaffen.[88] Aus den Bereichen Kauf und Verkauf, Tausch und Handel stammt das *„Vertragsverhältnis zwischen Gläubiger und Schuldner"* und die *„Idee einer Äquivalenz von Schaden und Schmerz"* (Nietzsche 1988:298), die auch die alte Rechtsprechung übernahm, indem sie Mord und Folter im Namen der Gerechtigkeit für das Opfer oder das Kollektiv praktizierte. Zugleich dient die Strafe dafür, Gebot und Verbot zu bewahren und Menschen zu formen. Denn nur mit Hilfe von Grausamkeit und Gewalt kann ein bestimmtes bzw. richtiges Verhalten ins Gedächtnis „gebrannt" werden.

„Man brennt Etwas ein, damit es im Gedächtnis bleibt: nur, was nicht aufhört, weh zu thun, bleibt im Gedächtnis [...]." (Nietzsche 1988: 298)

Nietzsche gelangt zu dem Ergebnis, dass der Ursprung des schlechten Gewissens der Trieb nach Freiheit sein muss:

„[...] dieser zurückgedrängte, zurückgetretene, ins Innere eingekerkerte und zuletzt nur an sich selbst noch sich entladene und auslassende Instinkt der Freiheit: das, nur das ist in seinem Anbeginn das schlechte Gewissen." (Nietzsche 1988:298)

Da dieser Trieb nach Freiheit meist nur bei Unterdrückten auftritt, weshalb die als „Herren" bezeichnenden ihrem Charakter entsprechend nicht über ein schlechtes Gewissen verfügen, die ausschließlich dazu beigetragen haben, dass dieses sich bei den Unterdrückten überhaupt gebildet hat. Das schlechte Gewissen ist laut Nietzsche nichts anderes als ein „Wille zur Macht", aus dem bei den Unterdrückten ein „Wille zur Selbstmisshandlung" wurde, das diese den „Willen zur Macht" nicht effektiv auskosten konnten. In diesem Zusammenhang vermutet Nietzsche sehr psychologisch, dass diese Be-

---

[88] Vgl. Nietzsche, Friedrich (1988): Jenseits von Gut und Böse. Zur Genealogie der Moral, S. 297 f.

schäftigung mit einer durch schlechtes Gewissen zwiespältigen Seele etwas Lustbringendes für das Individuum bedeutet.

Durch die Diskussion über das schlechte Gewissen wird veranlasst, sich zu fragen, ob ein nicht egoistisches Verhalten nun tatsächlich nicht egoistisch ist. Ebenso Nietzsches Meinung, das Moralische würde nicht zwangsweise mit nicht egoistischen Handlungen einhergehen, tritt in den Vordergrund. Er meint nämlich, dass gutes Handeln nur für denjenigen gut ist, dem auch Gutes widerfährt. Er versucht aufzudecken, dass das schlechte Gewissen nicht unmittelbar etwas nicht Egoistisches und somit etwas Unmoralisches ist. Derjenige, der sich aufopfert, empfindet laut Nietzsche eine egoistische Lust bei seinem Handeln. Der „Herr" neigt nämlich zu sadistischen Empfindungen und lässt seine Aggressionen direkt an seinem Gegenüber aus, während sich der Unterdrückte in eine christliche motivierte Idee des Guten flüchtet und vielmehr masochistische Verhaltensweisen aufzeigt und sich gleichzeitig autoaggressiv verhält, indem er sich mit seinem schlechten Gewissen quält.

Die Entwicklung eines Schuldbewusstseins ist demnach absolute Grundlage für die Existenz eines Gewissens, denn wie schon erwähnt, ist für Nietzsche das „Bewusstsein der Schuld" gleichzeitig das „schlechte Gewissen". Sein Ausgangspunkt liegt darin, „Schulden gegen die Götter" oder „Ahnen" zu haben, da erst diese einen glücklichen Werdegang eines „Geschlechts" ermöglichen und dafür ein Abtragen der Schuld verlangen.

Im Zusammenhang mit der christlichen Religion verwendet Nietzsche die Wörter „Pflicht" und „Schuld" moralisierend. Er weist dem christlichen Gott nämlich eine Machtstellung ähnlich wie einem Ahnherrn zu und bemerkt, dass das Schuldgefühl bzw. schlechte Gewissen einer Person in der Vorstellung des christlichen Gottes seinen Höhepunkt erreicht hat:

„Die Heraufkunft des christlichen Gottes, als des Maximal-Gottes, der bisher erreicht worden ist, hat deshalb auch das Maximum des Schuldgefühls auf Erden zur Erscheinung gebracht." (Nietzsche 1988:330)

Es handelt sich dabei um den Glauben an unseren Gläubiger Gott, dem der Mensch seit der Erbsünde durch den „Ahnherrn" Adam so viel schuldet, dass er dies nimmermehr „zurückzahlen" kann. Nach Nietzsche hatte der Ursprung dieser Schuldigkeit des Menschen und die Unauflösbarkeit der Buße bedeutende Konsequenzen für das Selbstbild und Selbstwertgefühl einer Person. Seit diesen Sündenfall wird dem Individuum das „böse Prinzip" zugeschrieben und die Existenz „verteufelt". Weil die Menschen ihre Schuld gegenüber Gott nicht aus eigener Kraft tilgen können, haben sie sich Gott als Erlöser ausgedacht, der aus Liebe zu den Menschen ihre Schuld auf sich nimmt.[89] Nietzsche ist also der Meinung, das schlechte Gewissen sei ein erfundenes Instrument zur Selbstverletzung des durch gesellschaftliche Regeln und Staat eingeengten Menschen, die sich selbst eine Religion schaffen, um ihre psychische Deformierung, eine Unterdrückung ihres „Willens zur Macht" zu bewahren.

Auch griechische Götter dienten oftmals als „Sündenböcke" menschlichen Fehlverhaltens. Sie übernahmen keine Strafen, sondern die Schuld für ein „Danebenbenehmen", was in der christlichen Religion nicht möglich ist.[90]

Sigmund freut folgte der Meinung Nietzsches, dass das Schuldgefühl und das schlechte Gewissen die Wirkung eingesperrter und unterdrückter Triebe einer Person darstellt, denen die Person untreu wurde und somit Gesellschaft, Behaglichkeit und Frieden bevorzugte.[91] Freud nannte später das, was Nietzsche als „Gewissen" beschreibt, das vorpersonale „Über-Ich". Dieses ist vor allem durch seinen wertneutralen Charakter gekennzeichnet, d.h. es sowohl im Dienste des Gewissen als auch im Widerstand zu diesen steht. Ohne eine bereits in der Kindheit statt findende Verinnerlichung und Übernahme geltender Normen und Regeln wäre eine Ausbildung des personales Gewissens absolut unmöglich. Auch moralische Eigenschaften erlernt der Mensch unbewusst und ganz selbstverständlich im Laufe seiner Erziehung. Das Über-Ich bietet hierfür die Grundlage, auf der sich das personale Gewissen nur schrittweise aufbauen kann. Der individuelle, moralische Fortschritt besteht darin, dass Menschen so, wie sie es für gut und richtig halten, handeln. Dabei stehen die Strukturen des Über-Ichs immer mehr im

---

[89] Vgl. Nietzsche, Friedrich (1988): Jenseits von Gut und Böse. Zur Genealogie der Moral, [Schuld, schlechtes Gewissen,..., Kap. 3-4], S. 331

[90] In diesem Lob der "Freiheit der Seele" klingt an, weshalb sich Nietzsche so stark gegen den christlichen Glauben wehrt, weil er dem Menschen seinen Stolz raubt, etwas Besonderes zu sein, weil er ihm ein schlechtes Gewissen bereitet für die natürlichen Triebe, wie z.B. den "Willen zur Macht".

[91] Vgl. Hirsch, Mathias (2012): Schuld und Schuldgefühl: Zur Psychoanalyse von Trauma und Introjekt, S. 71

Dienst des personalen Gewissens. Ohne diese Indienstnahme wäre ein Erwerb von Tugenden, d.h. von moralischen Handlungsweisen, nicht denkbar.[92]

Im Allgemeinen ist zwischen einer rechtlichen und moralischen Schuld zu unterscheiden. Beide basieren jedoch auf der Grundlage eines zur Selbstbestimmung befähigten Menschen. Die rechtliche Schuld berücksichtigt den Verstoß bzw. die Unterlassung geltender Rechtsnormen. Nur derjenige, der im Moment des Verstoßes als zurechnungsfähig gilt, kann als schuldig bezeichnet werden. Auf der anderen Seite steht die moralische Schuld, die auf einer *ganz bewussten* Entscheidung bzw. Verstoß gegen allgemein anerkannten Normen gründet. Das Sich-schuldig-fühlen im moralischen Sinn gehört von Anfang an zum menschlichen Wesen, das sich im Laufe des Heranwachsens herausbildet.[93]

5.4 Moral und Recht

Die tatsächlichen Zusammenhänge von Moral und Recht sind sehr vielseitig. Im Folgenden sollen und müssen Abhängigkeiten, Wechselwirkungen und Überschneidungen voneinander differenziert werden.

Historisch betrachtet kann festgestellt werden, dass sich bestimmte Teile von Rechtsnormen aus Moralnormen entwickeln und zugleich auf diese zurückgehen. Weil angenommen wird, dass bereits in Urgemeinschaften der Menschen das soziale Miteinander von moralischen Regeln bestimmt wurde, haben sich Regeln des Rechts, die ebenso leitend für das Miteinander sind, also sowohl Gewalttätigkeit als auch den Diebstahl und Zerstörung beweglicher Dinge verbieten sowie eine Verlässlichkeit im Umgang mit anderen Personen fordern, ziemlich eindeutig aus moralischen Regeln herausgebildet.

Auch Änderungen moralischer Lebensweisen, Normen und Prinzipien, d.h. der moralische Fortschritt wird im Recht festgehalten und durch neuere Gesetzgebungen auf ihren Weg gebracht. Aber nicht nur der moralische Fortschritt wird mit aufgenommen. Es muss ebenfalls bedacht werden, dass sich Rechte ganz aktiv als Hindernis gegen neue moralische Vorstellungen und den Verlust überlieferter Sitten stellen kann. Dies ist auch rückblickend in Deutschland festzustellen, denn sowohl mit dem Strafgesetzbuch

---

[92] Vgl. Ginters, Rudolf (1982): Werte und Normen. Einführung in die philosophische und theologische Ethik, S. 276 f.

[93] Vgl. Lotter, Maria-Sibylla: Scham, Schuld, Verantwortung. Über die kulturellen Grundlagen der Moral, S. 123 f.

(1871) als auch mit dem Bürgerlichen Gesetzbuch (1900) wurde der Versuch unternommen, tradierte Familien- und Sittlichkeitsideale festzuhalten. Beispielsweise wurden „außereheliche Lebensgemeinschaften, uneheliche Kinder oder Homosexualität [...] bis 1969 in Deutschland [...] strafrechtlich verfolgt" und „galten lange Zeit den meisten Menschen als fraglos unsittlich". (Fischer 2003:11) Zwar sind solche Wertungen heutzutage nicht mehr dominant, was sich im sog. *Lebenspartnerschaftsgesetz*, das im Jahr 2001 vom Bundestag entschieden wurde und somit gleichgeschlechtliche Partnerschaften in Deutschland anerkannt wurden, zeigt, doch verdeutlicht dies, dass Moralvorstellungen bzw. moralische Werte nicht statisch sind, sondern eindeutig einem historischen Wandlungsprozess unterliegen. Ganz deutlich macht das auch ein weiteres Beispiel zur Sexualmoral. Die Empfängnisverhütung war in Deutschland bis zum letzten Jahrhundert ein sehr weit verbreitetes Tabu, was heute, von der Mehrheit bestimmt, nicht mehr der Fall ist, ohne Berücksichtigung des Papstes und der Kirche. Demzufolge kann festgestellt werden, dass zwar Institutionen und Autoritäten, wie Staat oder Kirche, vorgeben möchten, was unter richtigem oder falschem moralischen Handeln zu verstehen ist, doch ob deren Ansichten den Anspruch auf Allgemeingültigkeit erfüllen, hängt von unserer zunehmend pluralistischen Gesellschaft [94] ab.[95]

Nicht ausschließlich mit Hilfe von Abschaffungen oder Änderungen bestimmter Rechtsnormen angesichts sich ändernden oder bestehenden moralischen Ordnungen projiziert das Recht die Moral, sondern durch eine dynamische Öffnung des Rechts gegenüber der Moral. Dies geschieht dann, wenn eine bestehende Moral durch eine Generalklausel explizit durch ein vorhandenes Gesetz zu einem Teil des Rechts erklärt, unter der Obhut des Rechts gestellt oder gesetzlich sanktioniert wird. Falls eine Nichtigkeit sittenwidriger Verträge eintritt, so tritt die Inkorporation von bestimmten Kriterien rechtlicher Gültigkeit und moralischer Prinzipien der Gerechtigkeit in Kraft.

Doch beeinflusst nicht nur die Moral das Recht, sondern auch umgekehrt ist das Recht in der Lage von Zeit zu Zeit die Moral zu beeinflussen. Das ist genau dann der Fall, wenn Rechtsregelungen einer Entwicklung der Moral vorausgreifen.

---

[94] Der Begriff *pluralistische Gesellschaft* steht für „nebeneinander bestehende, unterschiedliche Weltanschauungen und Lebenskonzepte innerhalb einer Bevölkerung. Das Tolerieren zum Teil gegensätzlicher Wertvorstellungen und stark voneinander abweichender Lebensstile ermöglicht dem einzelnen Individuum großen persönlichen Entfaltungsspielraum. Es birgt aber die Gefahr einer abnehmenden sozialen Identifikationsmöglichkeit und wachsenden Orientierungslosigkeit in sich, die zu Verhaltensunsicherheit und Identitätsstörungen führen kann."

[95] Vgl. Fischer, Peter (2003): Einführung in die Ethik, S. 11

Nicht allein die wechselseitige Einflussnahme, ebenso die faktische Rechtswirksamkeit kann von geltenden Moralnormen abhängen. Man kann davon ausgehen, dass rechtliche Normen weniger eingehalten und befolgt werden, wenn diese den moralischen widersprechen. Hier muss dann die Parallelität von Moral und Recht entweder langfristig wiederhergestellt werden, indem sich beispielsweise die Moral oder das Recht oder beider ändern. Andernfalls muss akzeptiert werden, dass ein Recht nicht befolgt wird. Kommt es jedoch zu keiner Übereinstimmung, so sind scharfe Sanktionen erforderlich, um das entsprechende Recht gegen die geltende Moral durchzusetzen. Ein ganz bekanntes Beispiel ist in diesem Fall das Wiederaufleben der Blutrache auch innerhalb Europas. Sogenannte Ehrenmorde sind außerdem ein ganz deutliches Beispiel, in dem rechtliche und moralische Prinzipien stark auseinanderklaffen. Trotz vorgeschriebener, gesetzlicher Tötungsverbote werden Frauen von ihren eigenen Familienmitgliedern aus moralischen Anlässen getötet, wenn diese die „Familienehre beschmutzt" haben. Teilweise wird immer wieder der Versuch unternommen, mit Hilfe von Kampagnen eine Parallelität zwischen Moral und Recht herzustellen, um das Moralbewusstsein der Bürger zu verbessern und um den Leerlauf rechtlicher Mordverbote zu verhindern.

Es darf jedoch nicht vergessen werden, dass ein Großteil moralischer Rechte neutral bzw. nur indirekt moralgebunden sind. Dazu gehören Normen, die nützlich dafür sind, andere Normen, die bestimmten Werten ausgesetzt sind, zu verwirklichen (Rechtsfahrverbot, das genauso gut ein Linksfahrverbot sein könnte mit dem Zweck eines reibungslosen Straßenverkehrsablauf). Das Ziel solcher Regeln liegt also darin, dass sowohl ein störungs- als auch schadenfreies, soziales Miteinander erfüllt werden kann. Zwar fordern diese Prinzipien kein konkretes moralisches Verhalten, wie beispielsweise das Gebot „Schädige nicht die Umwelt" oder „Töte keinen Menschen", doch dienen sie als Hilfe für die Erreichung der Ziele.[96]

Ob eine moralische Handlung nun als richtig oder falsch definiert wird, machen wir Menschen in den meisten Fällen nicht davon abhängig, ob es gegen eine vorgegebene Norm verstößt oder nicht, sondern -wie oben bereits erwähnt- auch davon, „was unser Bauch sagt", d.h. von unserem intuitiven Denken.

---

[96] Vgl. Vöneky, Silja (2010): Recht, Moral und Ethik. Jus publicum. Beiträge zum Öffentlichen Recht, S. 94-100

5.5 Moral und Kultur

Wie und warum kommt es zustande, dass wir die moralischen Fähigkeiten von Menschen fremder Kulturen oftmals als nicht „voll ausgebildet" oder gar „primitiv" bewerten?

Diese Frage ist im Grunde ganz einfach zu beantworten. Da wir fremde Traditionen stets von unseren eigenen Sitten einer prinzipiengeleiteten und abstrakter Moral her beurteilen, betrachten wir die andere, fremde Tradition immerzu irgendwie defizitär. Nicht nur hinsichtlich fremder, moralischer Praktiken ist, laut Lotter, unser Blick verzerrt, sondern auch im Hinblick auf unsere eigene moralischen Praxis. Denn was wir über die Moral denken und wie wir letztendlich handeln, geht nicht einher. Die kantische Pflichtethik und der Utilitarismus, stellen den Standpunkt eines passiven Beobachters in die Mitte des moralischen Urteils. Dabei generalisieren Aspekte, die für eine alltägliche Ausübung moralischer Urteile unumgänglich sind, nämlich beispielsweise die moralische Dimension der zwischenmenschlichen Gefühle, Wahrnehmung, rollenspezifische Pflichten sowie Ideale, ebenso aber Lebenserfahrung und Einbildungskraft. Derjenige, der sich nun nach einem „nicht-ethnozentrischen Begriff der Person" sucht, muss dahingehend sowohl die Bedeutung uns fremder, moralischer Begriffe im Zusammenhang der entsprechenden Lebensform, in dem diese in der Praxis relevant sind, erforschen, sondern muss auch unterschiedliche Beschreibungen der Ambivalenzen und Komplexitäten unseres tatsächlichen moralischen Lebens hinterfragen.

Mit der Auseinandersetzung moralischer Begriffe und Praktiken anderer Kulturen soll gezeigt werden, dass sich diese von den unseren gar nicht großartig unterscheiden. Eine Voraussetzung dafür stellt allerdings die Einsicht dar, dass wir uns von Idealisierungen und Vorurteilen unserer Philosophie der Moral nicht beeinflussen lassen dürfen oder im Umkehrschluss: Dadurch, dass wir uns mit anderen, uns fremden Begriffen und Intuitionen anderer Kulturen beschäftigen, sind wir fähig, ein Bewusstsein unserer eigenen moralischen Praxis, die durch allerlei Idealisierungen verstellt wird, zu erlangen.[97]

Jede Gemeinschaft wird geprägt durch Regeln und Normen, die religiösen und/oder kulturellen Traditionen entstammen. Im Kulturvergleich unterscheiden sich diese Regeln und Normen hinsichtlich ihrer Legitimität. Während die einen Normen geltend in einer

---

[97] Vgl. Lotter, Maria-Sibylla (2012): Scham, Schuld, Verantwortung: Über die kulturellen Grundlagen der Moral, S. 196 ff.

anderen, fremden Kultur gemacht werden, lehnen bestimmte Kulturen diese ab. Somit kann man also von kulturspezifischen moralischen Regeln und Normen sprechen.[98] Untersuchungen in westlichen Ländern haben gezeigt, dass bereits Kinder zwischen zweieinhalb und fünf Jahren Konventionen, die bei Zustimmung aller Gemeinschafts- mitglieder geändert werden dürfen, und Regeln, die auf dem Gerechtigkeitsverständnis beruhen und sich somit einer Willkür entziehen, unterscheiden können. Zum Beispiel bejahen Kinder das Essen mit Fingern im Falle eines Einverständnisses aller Beteilig- ten, verneinen jedoch das Schlagen einer Person, auch wenn dies kein Verbot wäre. Sol- ches Verhalten kann auf die Eltern, die moralischen Werten einen besonderen Nach- druck verleihen, zurückgeführt werden. Ebenso sind Kinder fremder Kulturen fähig, Moral von Konventionen zu unterscheiden. Dagegen weichen moralische Werte inner- halb verschiedener Kulturgemeinschaften voneinander ab, weil diese dem gesellschaft- lichen Kontext unterliegen. Das heißt, dass zum Beispiel das, was europäische Kinder als unmoralisch ablehnen, nicht gleichzeitig von gleichaltrigen Kindern anderer Länder als moralisch falsch betrachtet wird. So ist das Schlagen einer ungehorsamen Ehepart- nerin für Hindu-Kinder moralisch nicht verwerflich, während diese Tatsache in westli- chen Kulturen moralisch nicht gut geheißen werden kann. Ein anderes Beispiel ist hier Korea, wo selbst ein nicht herzliches Grüßen der Eltern als unmoralisch angesehen wird, da diese Tradition fest in deren Sitten bzw. Kultur verwurzelt ist.[99]

Individualistische Kulturen, vor allem die westlichen, sind durch ihre moralischen Rechte auf persönliche Freiheiten und Selbstbestimmung gekennzeichnet, das sich in der Bedeutung von Konventionen und Verträgen widerspiegelt. Kollektivistische Kultu- ren, wie beispielsweise Afrika, Asien, der mittlere Osten und Lateinamerika, sind im Gegensatz dazu von ihrer Verpflichtung gegenüber der Gemeinschaft sowie von einer gegenseitigen Abhängigkeit geprägt. Diese Unterschiede innerhalb individueller Kultu- ren begründen auch die Unterschiede ihrer moralischen Normen. Von westlichen Kin- dern würde das Stehlen eines Zugtickets, um rechtzeitig zur Trauung eng verwandter oder Bekannter zu gelangen, als absolut falsches Handeln verstanden werden werden, wohingegen indische Kinder diesen Diebstahl durchaus bejahen würden, da ja primär

---

[98] Vgl. Montada, Leo (2002): Moralische Entwicklung und moralische Sozialisation, S. 619 f.

[99] Vgl. Ebd., S. 619 f.

das Wohlergehen der Gemeinschaft als Rechte und Pflichten des Einzelnen gewichtet wird.[100]

In eine kulturvergleichenden Forschung zur Moralentwicklung wird diese als die Entwicklung einer weltweiten Kompetenz verstanden, die in einer sequentiellen Abfolge von Entwicklungsstufen realisiert wird. Diese Entwicklungslogik der Stufen des moralischen Urteils nach Kohlberg gilt in den verschiedensten kulturellen Kontexten als bestätigt.[101] Dabei ist anzumerken, dass nur wenige Untersuchungen zu den ersten Stufen des präkonventionellen moralischen Urteils vorliegen und dass ebenso in den westlichen Ländern die höchsten Stufen der postkonventionellen Stufen kaum oder gar niemals erreicht werden. Während angenommen wurde, dass eine bereichsübergreifende Einheitlichkeit des moralischen Urteils herrsche, zeigte sich in zunehmender Weise, dass die Stufenhöhe in moralischen Dilemmata stärker von Kontexten abhängig ist als bislang angenommen wurde. Eine Reanalyse der Moralentwicklung nach Kohlberg durch Becker und Edelstein zeigt, dass einige kulturspezifische, moralische Konzepte in Kohlbergs Auswertungssysten nicht berücksichtigt wurden. Damit sind beispielsweise Konzepte wie interpersonale Harmonie, Fürsorge für das Wohl Anderer sowie Emapthie gemeint, wie es vor allem in asiatischen, aber auch afrikanischen Kulturen der Fall ist, was zugleich den Ergebnissen einer kulturvergleichenden Studie mit indischen Probanden entspricht. Während sich die indischen Personen vielmehr an Verpflichtungen gegenüber ihrer Mitmenschen orientierten, stellten US-amerikanische Personen ihre eigenen Rechte in den Vordergrund. Gleichermaßen zeigte sich dieses Problem in einem Vergleich isländischer und deutscher Kinder und Jugendlichen für die ersten beiden präkoventionellen Entwicklungsstufen der Moral.[102]

6. Macht uns die Moral zu glücklichen Menschen?

Im folgenden und letzten Kapitel soll nun kritisch untersucht werden, inwieweit Platons, Aristoteles' und Kants Vorstellungen des Glücks im Zusammenhang mit der Moral hinsichtlich des heutigen Kontexts gültig gesprochen werden können. Handeln wir Men-

---

[100] Vgl. Mietzel, Gerd (2002): Wege in die Entwicklungspsychologie. Kindheit und Jugend, S. 285 ff.

[101] Vgl. Schneider W./Knopf M.(2003), Entwicklung, Lehren und Lernen: Zum Gedenken an Franz Emanuel Weinert, Hogrefe Verlag (Göttingen), S. 147-165

[102] Vgl. Shweder, R.A./Mahapatra, M./Miller, J.G. (1987): Culture and moral development, S. 1-83

schen also wirklich aus den Gründen, die uns bereits zur Zeit des antiken Griechenlands bzw. der Aufklärungen aufgetragen wurden, moralisch oder haben sich im Laufe der Zeit weitere bzw. andere Beweggründe herausgebildet? Um diese Frage zu beantworten, werde ich sowohl Meinungen einiger Wissenschaftler als auch meine eigene heranziehen.

Bevor ich unser Glücksverständnis hinsichtlich unserer heutigen Ansicht mit der antiken vergleiche, muss zunächst geklärt werden, ob Platons mit seiner Idee des „Guten" auch heute noch Recht behält.

Obwohl Platons Idee des guten Lebens zunächst richtig erscheint, lässt sich bei genauerer Betrachtung ein logischer Fehlschluss erkennen. Zwar ist das neutrale Denken, Urteilen und Handeln, also die Übernahme einer Moralität, zweifellos gut, doch kann nicht allein der gute Wille als das zu Erstrebende und Wertvolle betrachtet werden, da der moralische, teleologische Grundgedanke eine neutrale Erklärung des Individuums zu jeglichen nicht-sittlichen Gütern darstellt. Das bedeutet, ein sittlich guter Wille lässt eine Person gut bzw. bestmöglich handeln. Stellt man nun die Frage „Was ist das Gute, das geachtet und realisiert werden soll?", dann würde man wiederum „das sittlich Gute" bzw. „der sittlich gute Wille" als Antwort erhalten. Das Eine impliziert also das Andere und umgekehrt. Der Mensch ist nicht aufgrund der Erfüllung seiner eigenen Moralität, sondern wegen der der Anderen zum moralischen Handeln aufgerufen. Beispielsweise sollen wir Menschen in Not nicht aus dem Grund helfen unsere eigene sittliche Güte zu erlangen, was die Moralität als Ziel und die Hilfestellung also bloßes Mittel darstellen würde. Wir sollen den Notleidenden helfen, damit es *ihnen* besser geht. Der sittliche Wert ist ein Wert zweiter Ordnung, da die eigene Moralität niemals als direktes Ziel betrachtet werden kann. Die sittliche Güte wird nur auf die Weise, indem man *anderes* als diese selbst auf neutrale Art liebt und bestrebt, realisierbar. Gleichermaßen verhält sich dies in der Liebe und Trauer. Sprechen wir von Liebe, so meint diese nicht die konkrete Person, sondern die persönliche Liebe zu lieben, sich daran zu erfreuen oder darunter zu leiden. So auch mit der Trauer, innerhalb der ein Mensch nicht über ihren eigentlichen Gegenstand klagt, vielmehr die Tatsache, sich in sie selbst hineinzuversetzen und sie auf diese Weise zu erfahren. Moralischer Hochmut und Stolz sowie moralische Selbstgefälligkeit und Selbstgerechtigkeit können mit Recht als moralisch verwerfliche Laster gesehen werden. In Betracht auf alle nicht-sittlichen Werte wird die persönliche sittliche

Güte als ein Wert zweiter Ordnung verstanden. Doch heißt das nicht gleichzeitig, dass alle nicht-sittlichen Werte, in sich betrachtet, Werte erster Ordnung darstellen.

Obwohl wir die moralische Güte zum vollkommen guten Leben zählen, kann dieses wahrhaft gute nicht zwangsweise als das wahrhaft moralisches Leben verstanden werden.[103]

Sehr entscheidend für die Klärung dieser sehr mühsam zu beantwortenden Forschungsfrage ist, dass antike Ethiker eine Einheit von Moral und Selbstinteresse vertraten. Sie zweifelten keineswegs daran, dass ein gelingendes und gutes Leben ganz automatisch eine moralische Lebensweise impliziert. Demzufolge lässt sich dies folgendermaßen formulieren:

> „P1   Alle Menschen streben (notwendigerweise) nach Glück.
>
> P2   Zu den objektiven Bedingungen des Glücks gehört die Moral.
>
> ———————————————————————————
>
> K   Alle Menschen müssen moralisch sein, um glücklich zu werden."

Diese Folgerung wird nach Kurt Bayertz das *Glücksargument* genannt. Der Schluss dieses Arguments kann so umformuliert werden, dass wir eine neu Antwort auf die W-Fragen erlangen, nämlich

> „ANTWORT V   Du sollst moralisch sein, weil du andernfalls nicht glücklich werden kannst."

An dieser Stelle, müssen wir uns fragen, ob dieses Glücksargument auch wirklich einleuchtend und stichhaltig ist. Um dies vorauszusetzen, müssen sowohl die Prämisse 1 als auch Prämisse 2 bekräftigt werden. Hinsichtlich P1 sollte das recht problemlos sein. P1 problematisiert nicht die Frage, *ob* die Menschen nach Glück streben, sondern vielmehr, *was* diese unter dem Glücksbegriff verstehen. Die Klärung darauf konnte in der bereits genannten Antwort V, in der Antwort der antiken Ethik, gefunden werden. Kann nun aber die These P2 als eine rein objektive Bedingung einer gelingenden und glückseligen Vita begrifflich gemacht werden? Versucht man nun, auf diese Frage eine Antwort

---

[103] Vgl. Ginters, Rudolf (1982): Werte und Normen. Einführung in die philosophische und theologische Ethik, S. 220 f.

zu finden, so stößt man sehr bald auf ein terminologisches Problem. Der Gebrauch der Moral im vorliegenden Zusammenhang ist genau genommen anachronistisch. Manche Interpreten sind nun allerdings der Meinung, dass der antike und wesentliche Begriff der Tugend den äquivalenten Gegenwert eines modernen Moralbegriffs bildet. Liegen sie richtig in dieser Annahme, so kann die obige Auslegung von P2 als eine modernere Ausdrucksweise folgender These verstanden werden: „Zu den objektiven Bedingungen des Glück gehört die Tugend." Hier heraus ergibt sich erneut eine Frage, nämlich, was die Ethik der Antike zum Vorteil dieser Behauptung vorbringen konnte. Geht man zunächst von der antiken Anthropologie aus, so ergibt sich zunächst, dass der Mensch eine Doppelnatur besitzt. Ein Mensch ist zum einen ein rationales, also zu einer willentlichen Lebensführung fähiges Wesen, zum anderen ist dieser jedoch vernunftwidrigen Handlungsimpulsen, die aus seiner animalischen Natur entspringen, unterlegen. Diese *Leidenschaften* dürfen nicht unterdrückt, sondern müssen vernunftgemäß gesteuert werden. Jemand, der seinen Leidenschaften wehrlos unterlegen ist sowie von diesen willen- und ziellos gesteuert wird, ist nicht Herr über seiner selbst, über sein Handeln und über sein Leben. Solch eine Leidenschaft wird von augenblicklichen und zufälligen Impulsen bestimmt. Somit ist der Mensch nicht imstande, dauerhafte Ziele stetig zu verfolgen. Daher bleibt das *summum bonum*, das höchste Gut, für die Leidenschaft unerreichbar. (Ethische) Tugenden sind an dieser Stelle fixe charakterliche Eigenarten, die versuchen, diese Leidenschaften zu mäßigen, zu formen sowie diese auf die wahren Lebensziele auszurichten. Sie verstehen sich darin, dem Besitzer das Leben bewusst zu machen und diesen gezielt zu führen. Aus diesen Gründen haben die Tugenden also einen ganz notwendigen instrumentellen Wert in Betracht auf das Glück. Dies kann sehr einfach nachvollzogen werden, indem man die Tugenden im Einzelnen betrachtet. Jede von ihnen beherrscht eine eigene Reichweite des menschlichen Handelns, Fühlens und Entscheidens. Dort, wo sie abwesend bzw. unbefriedigend entwickelt sind, entstehen oftmals Fehlentscheidungen, die einen gelungenen Werdegang beeinträchtigen. Hier sollte man den Blick in Richtung der Kardinalstugenden wenden. Die *Klugheit* ist absolut unabdingbar, um in verschiedenen Handlungs- und Entscheidungssituationen den richtigen Weg für das gewünschte Ziel einzuschlagen sowie für das Erkennen eines guten und glückseligen Lebens. Die *Tapferkeit* ist notwendig, um sich von Gefahren nicht einschüchtern und von Schwierigkeiten nicht verunsichern zu lassen. Der *Mäßigung* bedarf es, um sich von den Leidenschaften weder verführen noch mitreißen zu lassen. Wer nun also unbesonnen, feige und gierig ist, hat demnach keine guten Voraussetzungen für ein gelungenes und glückliches Leben. Des Weiteren kommt hinzu, dass die Tugenden ebenso mit einem intrinsischen Wert versehen sind[104]. Diese stellen wie die Kardinalstugenden eine unabdingbare Bedingung für die Glückseligkeit dar. Sokrates meinte einmal vor einigen hundert Jahren in *Gorgias*:

„Denn den tugendhaften Mann wie auch das tugendhafte Weib nenne ich glücklich, den ungerechten und frevelhaften dagegen unglücklich.“ (Bayertz 2006: 183)

Doch was hat das bislang genau mit Moral zu tun? Die genannten Tugenden sind signifikante Funktionen, für dessen Besitzer sie sehr nutzbringend sind und ebenso für dessen Glück dienlich, wenn nicht sogar fundamental. Da es nun aber bei der Moral nicht um den eigenen, sondern um den fremden Nutzen geht, besitzen diese also keinen wirklichen moralischen Charakter, womit zugleich die Gleichsetzung von Moral und Tugend unbrauchbar scheint. In Betracht auf P2 bedeutet dies nun aber, dass diese These nicht aufrechterhalten werden kann und somit das komplette Glücksargument keinen tieferen Sinn mehr besitzt.

Neben den Kardinalstugenden Klugheit, Tapferkeit und Mäßigung wurde bislang die *Gerechtigkeite* ausgespart, bei der es sich zweifelsfrei um eine moralische und soziale Tugend handelt, da diese ganz klar ein fremdnütziges Handeln impliziert. Hier stößt man jedoch erneut auf eine Schwierigkeit. Will man P2 begreiflich machen, so muss bewiesen werden, dass die Tugenden, erstens, eine ganz neutrale Voraussetzung für die Glückseligkeit des Besitzers ist und, zweitens, eine moralische Funktion innehaben, also für das Interesse anderer nützlich sind. Nun wissen wir also, dass der Nachweis der ersten drei Kardinalstugenden durchaus möglich, jedoch nicht erkennbar ist, wie diese erfüllt werden können. Bei der Gerechtigkeit ist es genau andersherum der Fall. Als Funktion für das fremdnützige Verhalten ist ihr moralischer Wert ganz offensichtlich.

Doch genau an dieser Stelle fragt man sich nun, wie es für die eigene Glückseligkeit nützlich sein kann, auf das Interesse eines anderen zu achten. Antike Philosophen sind der Meinung, dass die hervorgehobene Bedeutsamkeit der Gerechtigkeit gegenüber den anderen Tugenden auf einem Fehler beruht. Da die Tugenden in ihrer Gesamtheit eine Einheit bilden, können diese nicht als einzelne Fähigkeiten gedeutet werden. Aufgrund dessen ist es nicht möglich, die eine zu besitzen, die andere wiederum aber nicht. Sie sind sozusagen nur im Gesamtpaket erhältlich. Und auch hier stellt man sich wieder

---

[104] Vgl. Bayertz, Kurt (2006): Warum überhaupt moralisch sein?, S. 181 ff.

Fragen, nämlich, warum es nicht möglich ist, tapfer, jedoch nicht gerecht zu sein, und andersrum, warum gerecht sein, aber nicht tapfer. Zum einen läuft diese Ansicht auf ein Alles oder Nichts hinaus, d.h. dass ein Individuum vollkommen oder überhaupt nicht tugendhaft ist. Realistisch betrachtet, kann in diesem Fall davon ausgegangen werden, dass kein Mensch absolut tugendhaft ist. So gesehen würde dann keine Tugend existieren. Zum anderen weiß man nicht, wie zur Tugend erzogen werden soll, wenn dies doch nur durch das schrittweise Aneignen und Trainieren bestehen kann. Zuletzt ist auch die Tatsache unbefriedigend, dass man die übrigen Tugenden, also die sozialen und moralischen, nur deshalb erwerben soll, um weitere Tugenden, nämlich die, welche für das eigene glückliche Leben erforderlich sind, zu erhalten. Wenn diese Einheitsthese also wirklich einen Sinn enthält, dann nicht als absolut obligatorisches Verhältnis unter den Tugenden, sondern lediglich als ein Ideal, das bereits von Aristoteles als solches formuliert wurde. Nach dieser Ansicht können die einzelnen Tugenden auch faktisch different entwickelt sein, d.h. ein Mensch ist demnach durchaus in der Lage klug, tapfer und mäßig zu sein ohne gleichzeitig gerecht sein zu müssen.

Eine weitere Möglichkeit zur Lösung der Diskussion über die Hervorhebung der Gerechtigkeit greift auf die intrinsischen Werte zurück.[105]

Das Selbstinteresse eines Menschen beinhaltet neben rein subjektiven Vorlieben auch einige objektive, intrinsische Werte, die als eine obligatorische Voraussetzung für die Glückseligkeit betrachtet werden müssen. Solche intrinsischen Werte sind greifbar in, erstens, einer Gemeinschaft mit anderen Personen, zweitens, in einer inneren Übereinstimmung bzw. Integrität und, drittens, in ihrem eigentlichen Sinn. Die kennzeichnende Funktion dieser intrinsischen Werte liegt in der Verknüpfung von Glück und Moral, eine Voraussetzung für P2. Hierbei muss auf zwei grundsätzliche Dinge geachtet werden: Zunächst ist die Tatsache von Wichtigkeit, dass diese Werte, wie bereits erwähnt, eine objektive und wesentliche Bedingung für ein gelingendes Leben sind. Dabei ist muss erwähnt werden, dass die Zuschreibung des Glücks sowohl aus der Innen- als auch aus einer Außenperspektive erfolgen kann, wobei die beiden Perspektiven nicht zwangsweise miteinander übereinstimmen. Es gibt Momente, in der sich ein Mensch von innen heraus durchaus als glücklich bezeichnet, ohne es von Außenstehenden bestätigt zu bekommen. Vor allem bei Personen in Rausch- oder Wahnzuständen ist dies sehr häufig der Fall. Wenn beispielsweise ein Mensch immer wieder ganz offensichtlich absurde

---

[105] Vgl . Bayertz, Kurt (2006): Warum überhaupt moralisch sein?, S. 183-186

Handlungen vollzieht, sich jedoch gleichzeitig dabei glücklich fühlt, so würden wir diesen als Außenstehende mit Sicherheit nicht als glücklich bezeichnen, sondern vielmehr als zwanghaft, neurotisch, obsessiv oder gar therapiebedürftig. Dass sich jemand nicht nur als glücklich bezeichnet, sondern es auch wahrhaftig ist, muss von der Außenseite nachvollziehbare Ursachen aufweisen.

Weiterhin muss nachgewiesen werden, dass die intrinsischen Werte für die Moral förderlich sind. Auf der einen Seite wird dies ersichtlich in der Gemeinschaft mit anderen Personen, durch Freundschaft oder durch Liebe, wenn diese für das Innere der Person gut sind. Sodann darf man auch behaupten, dass es besser sei, zwei Freunde als nur einen Freund zu haben, und demzufolge ebenso, dass drei Freunde zufriedener machen als zwei. Das bedeutet aber nicht gleichzeitig, dass es von großem Vorteil ist, massig Freunde zu haben. Denn kein Mensch ist in der Lage, eine enorme Zahl an freundschaftlichen Beziehungen aufrecht zu erhalten. Kurz - hinsichtlich intrinsischer Werte existiert keine Steigerung. Demnach entfällt eine bedeutsame Quelle amoralischen Verhaltens. Auf der anderen Seite lösen die intrinsischen Werte bei ihren Besitzern eine Abschwächung der Fixierung ihrer eigenen subjektiven Vorlieben aus. Das bedeutet also, dass die Verwirklichung dieser Werte eine gewisse Selbstüberschreitung nach sich zieht, da sie nicht nur Werte für einen selbst, sondern auch stets für den anderen darstellen. Da man gewisse intrinsische Werte oftmals mit Dritten teilt und mit ihnen gemeinsame Interessen vertritt, verringert sich die große Kluft zwischen Altruismus und Egoismus enorm. Daher muss nicht zwischen dem, was einem selbst nützlich ist, und dem, was anderen nützlich ist, differenziert werden.

Wie schon angesprochen, kommt den Beziehungen innerhalb einer Personengemeinschaft eine sehr wichtige Rolle zu. Es ist nicht von der Hand zu weisen, dass ein glückliches Leben ohne ein zufriedenstellendes Verhältnis zu seinen Mitmenschen gar unmöglich ist. Ursachen liegen zunächst in gesellschaftlichen, instrumentellen Vorteilen, beispielsweise der Profit durch Kooperation und Teamwork. Ebenso der Wunsch nach Anerkennung wird ausschließlich innerhalb einer Menschengruppe erfüllt. Ferner wertachtet eine Person eigene Beziehungen zu Anderen auch um ihrer selbst willen.[106]

Darin wird ein gutes Maß von Interesse am Wohlergehen anderer mit eingeschlossen. Jemand, der die Sympathie seiner Mitmenschen durch ein leichtfertiges, unbedachtes, rücksichtsloses o. ä. Verhalten verliert, stößt beim Bestreben seines Eigenwohls auf ei-

---

[106] Vgl. Bayertz, Kurt (2006): Warum überhaupt moralisch sein?, S. 192 ff.

nen großen Widerstand. Unabdingbare Basis für das eigene Wohl sind daher vor allem Liebe und Freundschaft sowie das Interesse an einem wechselseitigen Wohlbefinden aller.[107] Dies gilt nicht nur für die Innen-, sondern auch für die Außenperspektive. Das heißt also, dass man einen Menschen, der von niemandem geliebt wird und dem Freundschaften fremd sind, niemals als eine glückliche Person bezeichnen würde, auch wenn dieser versichert, eine zu sein. Dem Egoisten, der seine Mitmenschen nur als ein Instrument sieht, wird es daher niemals möglich sein, unverfälschte Sympathie bzw. Liebe oder Freundschaft zu entwickeln.

Der dritte und zugleich letzte intrinsische Wert liegt in seinem Sinn selbst. Die Mehrheit der Menschen fühlen sich nicht erfüllt darin, von einem in den anderen Tag hinein zu leben und ihre Prioritäten zu befriedigen. Sie brauchen ein Ziel (ein Projekt) vor Augen, das ihrem Leben einen Sinn gibt. Dabei kann es sich um ideologische oder religiöse, um künstlerische oder wissenschaftliche sowie um berufliche oder politische Ziele handeln. Hier ist nicht zwangsläufig ein überempirisches Bestreben gemeint, sondern auch „Kleinprojekte", wie beispielsweise die Erziehung von Kindern oder auch die Pflege des eigenen Gartens. Hier gilt ebenfalls, dass diese sowohl von der Innen- als auch von der Außenperspektive betrachtet werden müssen. Eine Person würde niemanden als glücklich bezeichnen, der keinerlei wertvolle Beschäftigung vollzieht und sich nicht in irgendeinem übergreifenden Zusammenhang befindet. Es ist also in keiner Weise auszuschließen, dass derartige Ziele, Projekte oder Ideale eine ganz notwendige Ursache fremdnützigen Handelns sind. Vor allem sollte man an Personen, die nicht nur aus purem Selbstinteresse handeln, sondern fremdnütziges Engagement zeigen, wie zum Beispiel Mitglieder in einem Sportverein, Amnesty International u.s.w, denken. Diese Ziele oder Ideale werden nicht durch spezielle Unternehmen, sondern in einem engen Zusammenhang mit der Gemeinschaft verwirklicht, in der individuelle Menschen zueinander finden und ihrem Leben einen Sinn verschaffen.[108]

Betrachtet man nochmals Platons Auslegung über das Glück, so behauptet er, erstens, eine ungerechte Person sei aus inneren Gründen notwendigerweise unglücklich, und zweitens (im Umkehrschluss), eine gerechte Person sei aus inneren Gründen notwendigerweise glücklich. Diese Ansicht darüber ist jedoch weder theoretisch glaubwürdig noch empirisch überzeugend. Klarerweise ist die erste Teilthese nachvollziehbar, da ein

---

[107] Vgl. Höffe, Otfried (2008): e-Journal Philosophie der Psychologie, S. 8 f.

[108] Vgl. Bayertz, Kurt (2006): Warum überhaupt moralisch sein?, S. 196

absolut triebhafter und unbeherrschter Mensch, den Platon in einem Tyrannen sieht, von außen betrachtet eindeutig als krank denn als glücklich bezeichnet werden kann. Eine Alternative zur vollkommenen Ungerechtigkeit stellt jedoch nicht die vollkommene Gerechtigkeit dar. Die Ursache, sowohl theoretisch als auch praktisch, liegt hier nicht in dem Giganten des Bösen, sondern in der Tatsache ganz gewöhnlicher Trittbrettfahrern und Egoisten. Ganz unbestritten befinden sich auch solche Personen, d.h. alltägliche A-moralisten, auf einer falschen Ebene ihres Lebens, doch ist man darum bemüht, diese auf ihre falsche Lebensführung hinzuweisen. Platons These kann also als eine enorme Übertreibung betrachtet werden, die weder irgendjemanden absolut überzeugen noch Amoralisten bekehren kann. Weiterhin betont Platon, die Tugend sei eine notwendige sowie hinreichende Voraussetzung für die menschliche Glückseligkeit. Diese Ansicht, wie sie später auch die Stoa[109] vertritt, gründet in der Verschiedenheit der Güter, die im Leben der Menschen eine große Rolle spielen. Diese Güter werden vom Einzelnen individuell kontrolliert. Äußere Güter wie Macht, Reichtum, Schönheit oder Gesundheit sind stark abhängig von kontingenten Faktoren, die das Individuum nur sehr schlecht oder gar nicht beeinflussen können. Dagegen sind die Tugenden, also die inneren Güter, vor Beeinträchtigungen von außen geschützt. Sie können weder von anderen Personen noch vom Schicksal genommen werden. Ein Mensch ist demnach in der Lage, sich vor Zufall und Unglück zu schützen, indem er sich auf diese inneren Güter konzentriert, so dass sein Leben unangreifbar scheint. Platon und auch die Stoa gehen davon aus, dass erstens, eine Minimierung der äußeren und eine Maximierung der inneren Güter von großer Wichtigkeit sind und zweitens, ein gutes und gelingendes Leben als eine innerer Vollkommenheit gilt, die vom subjektiven Wohlergehen des Einzelnen losgelöst wird. Die Stoiker und Platoniker behaupten sogar, dass derjenige, der von vollkommener Tugend ist, selbst auf der Folterbank noch als glücklich bezeichnet werden kann, da sich der Betroffene ja im vollkommenen Besitz der Tugenden befindet. Durch diese Behauptung führt das Argument des Glücks ganz rasch ad absurdum. Bereits Aristoteles kritisierte diese Ansicht mit der Meinung, dass ein tauglicher Glücksbegriff weder ohne Subjektivität noch ohne einen Kontingenzanteil bestehen könne.[110]

---

[109] Griechische Philosophenschule von 300 v. Chr. bis 250 n. Chr., deren oberste Maxime der Ethik darin bestand, in Übereinstimmung mit sich selbst und mit der Natur zu leben und Neigungen und Affekte als der Einsicht hinderlich zu bekämpfen.

[110] Vgl. Bayertz, Kurt (2006): Warum überhaupt moralisch sein?, S. 190 ff.

Doch auch der Aristotelischen Glückslehre kann widersprochen werden. Peter Stemmer nennt drei Argumente gegen dessen inklusive Deutung des Glücks: Erstens bestimmt Aristoteles die Glückseligkeit (exklusiv) als ein Tätigsein gemäß der besten und vollkommensten Tugend (*aretê*) und dies ein ganzes Leben lang. Dies entspricht der offiziellen Glücksdefinition des ersten Buchs der Nikomachischen Ethik, an die Aristoteles dann im zehnten Buch anknüpft, sie erneuert und verdeutlicht. Aristoteles behauptet weiterhin, die Arete sei nicht *ein*, sondern *das* menschliche Gute, und somit das Glück. Egal, ob es nun eine Mehrzahl intrinsischer Güter existiert oder nicht bzw. äußere Güter Teile des Glücks darstellen oder nicht, trifft dieses erste Argument absolut jede inklusive Deutung des aristotelischen Glücksbegriffs. Zweitens lehrt Aristoteles, dass die Glückseligkeit ein seelisches Gut ist, die Ehre jedoch ein äußeres, wobei völlig unklar ist, wie diese und eventuelle andere äußere Güter als Teile des Glücks betrachtet werden können. Und drittens betont Aristoteles stets, dass die Glückseligkeit nicht in einem Zustand, sondern in einem Tätigsein, also in Aktivität und Praxis besteht. Geehrt zu sein meint hingegen einen Zustand. Schließlich kommt Stemmer zum Schluss, dass Aristoteles vertrete einen keinen inklusiven, sondern *exklusiven* Begriff des höchsten Gutes.[111]

Die Religion, nicht nur die christliche, sondern Religionen aller Art, begründet ihre Moral zum einen damit, dass sie im Besitz gegebener Gebote sind, an die es sich zu halten gilt. Zum anderen lieg der Grund darin, dass diese moralische Verpflichtungen mit einer Vorstellung zukünftiger Sanktionen verbunden sind. Eine Missachtung der von Gott gegebenen Moralgebote zieht eine überirdische Strafe nach sich, deren Einhaltung ein überirdischer Lohn folgt. Mit Hilfe der göttlichen Macht wird der Bruch einer glücklichen und moralischen Einheit aufgehoben. Demzufolge können Gläubige nicht erwarten, im Falle eines zukünftigen, absolut moralischen Verhaltens und Handelns unmittelbar die Glückseligkeit zu erreichen. Es besteht daher keinerlei Aussicht, ein tugendhaftes und zugleich glückliches Leben zu führen. Dagegen kann durch eine einwandfreie, moralische Lebensführung die Hoffnung auf künftige Belohnung und Vermeidung von Strafen geöffnet werden. Die Motivation für ein religiös, moralisches Verhalten gleicht also der Tugendlehre aus der Antike: Moral sorgt für eine bessere Voraussetzung für ein

---

[111] Vgl. Stemmer, Peter: Aristoteles´ Glücksbegriff in der Nikomachischen Ethik, S. 89 ff.

gelingendes Leben. Allerdings folgt diesem religiösen Verständnis die Abhängigkeit von einem belohnenden und bestrafenden Gott.[112]

Immanuel Kant ist der Meinung, wir Menschen handeln aus dem Grund moralisch, weil es unsere Pflicht ist. Den meisten, wie auch mir, ist diese Idee der Moral zu „einfach", denn handelt man wirklich nur dann moralisch, wenn man es wirklich muss? Handelt man nicht auch aus Sympathie oder Zuneigung zu jemand anderen moralisch? Daher denke ich, dass Kants Gedanke als ziemlich problematisch zu sehen ist. Das Problem liegt allerdings nicht in der „Einfachheit" seiner Idee, sondern hat vielmehr etwas mit der „Symmetrie-These" (ST) von Philip Stratton-Lake zu tun, die Folgendes besagt:

„The reason why a good-willed person does an action, and the reason why the action is right, are the same"[113]

Das heißt also, dass ein moralisch motivierter Mensch deswegen so handelt, weil entsprechende Gründe dieses Verhalten der Person fordern. Gehen wir nun davon aus, dass Menschen, die Not leiden, geholfen werden soll. Moralisch motiviert wären wir dazu also in dem Fall, wenn unsere Hilfe den Personen in Not helfen würde, da diese den Anspruch darauf besitzen. Die moralisch handelnde Person wird also davon motiviert, was sie zu diesem Verhalten verpflichtet.

Daraus folgert Fischer, dass sich aus Kants Idee folgendes Problem ergibt: Der einzige Grund, warum Menschen anderen Menschen in Not helfen sollen, ist mit Sicherheit nicht der, dass es deren Pflicht ist. Somit wird uns durch Kant keine hinreichende Begründung für unsere Hilfsbereitschaft dargeboten.[114]

Viel eher sollte die moralische Verpflichtung als ein Mittel zur Schaffung einer Konsistenz zwischen einem moralischen Handeln und Urteil angesehen werden. Die Verpflichtung zur Moral ist eher ein Ausdruck seines moralischen Selbst und diese kann gleichzeitig als verbindlich für das eigene Handeln angesehen werden. Zum einen ist das moralische Selbst ein Produkt der Entwicklung des Adoleszenz. Zum anderen stellt es ein Produkt individueller, lebensweltlicher Erfahrungen sowie kultureller Praktiken dar. Das

---

[112] Vgl. Baurmann, Michael/Kliemt, Hartmut (2011): Texte und Materialien für den Unterricht; Glück und Moral, S. 113 f.

[113] „Der Grund, weshalb eine moralisch motivierte Person handelt, ist der Grund, weshalb die Handlung moralisch ist."

[114] Vgl. Fischer, Johannes/Gruden, Stefan (2010): Die Struktur der moralischen Orientierung. Interdisziplinäre Perspektiven, S. 157

Ergebnis eines Kulturvergleichs von chinesischen und isländischen Kindern zeigt, dass im Falle einer Inkonsistenz innerhalb von Handlungsentscheidungen und moralischen Urteilen ganz besonders bei jüngeren, westlichen und fast niemals bei chinesischen Kindern auftritt. Daraus kann gefolgert werden, dass Kohlbergs Modell der Moralentwicklung, das auf einer kognitiven Basis mit zunehmender Perspektivendezentrierung beruht, nicht beweisen kann, aus welchen Gründen die Wünsche und Emotionen anderer Menschen mehr Bedeutung tragen als die eigenen.[115]

Meiner Meinung nach bedeutet Verpflichtung, unabhängig davon, ob sie moralisch ist oder nicht, eine soziale Institution. Diese Institution wird von Normen getragen, die bestimmte Sanktionen beinhalten. Demnach besitzt jeder Gründe, moralische Normen zu achten, die sich aus der Furcht vor Sanktionen ergeben.

Kant meint außerdem, wie wahrscheinlich die Mehrheit aller Menschen, dass niemand zu einem gelingenden Leben gezwungen werden kann. Nur durch ein Ausmaß an Selbstbestimmung kann die Glückseligkeit erreicht werden. Er meint, dass einer Person, deren Tätigkeiten und Verhaltensweisen immerzu fremdbestimmt sind, niemals ein glückliches und gelingendes Leben zugesprochen werden kann.[116]

Eine solche konsequente Verfolgung unseres Eigeninteresses würde wohl gravierende Beeinträchtigungen auf unsere eigene Lebensführung nach sich ziehen. Aufgrund dessen kann diese Verfolgung eudaimonistischer Interessen nicht als lebensweltlich und plausibel bezeichnet werden, da Kants Überzeugung sehr unmenschlich und vor allem lebensfremd zu sein scheint. Das eigene Wohlergehen dürfe seiner Ansicht nach bei moralischen Entscheidungen auf keinen Fall berücksichtigt werden, womit (universal-) moralische Pflichten und eudaimonistische Eigeninteressen voneinander nicht abgegrenzt werden könnten. Kant hegte mit seiner Idee allerdings nicht die Absicht, ein gelingendes und glückliches Leben einem moralisch richtigen entgegenzusetzen und somit zwei unterschiedliche Ziele zu schaffen. Für ihn stellt der Begriff der Glückseligkeit viel eher eine Bedeutungsambivalenz dar, wobei das Streben nach der Eudaimonie eine unaufgebbare Naturnotwendigkeit bedeutet.[117]

---

[115] Vgl. Fischer, Johannes/Gruden, Stefan (2010): Die Struktur der moralischen Orientierung. Interdisziplinäre Perspektiven, S. 168 f.

[116] Vgl. Leiber, Theodor (2006): Glück, Moral und Liebe. Perspektiven der Lebenskunst, S. 1116 f.

[117] Vgl. Ebd., S. 114 ff.

Auch Kant zeigt uns, dass in der Befolgung moralischer Gesetze eine kleine Spur des Glücks zu finden ist. Zwar entsteht moralisches Verhalten aus der Pflicht heraus, doch löst sie dabei eine Gefühlsregung in unserem Inneren an. Dieses Bewegtsein nennt Kant die *Achtung*. Diese Achtung (vor Gesetzen der Moral) sorgt dafür, dass jeder Mensch die Empfindung erlangt, Glück erwachse aus pflichtbewusstem, also gutem Handeln. Folglich gilt auch bei ihm „Ich bin glücklich, wenn ich gut handle."

Ebenso Schopenhauers Vorstellung, dass ausschließlich das Leiden Anderer unsere Teilnahme an deren Gefühlen erweckt und niemand von Anderen Beweise echter Menschenliebe erhalten würde, solange es ihm wohl geht, muss widersprochen werden, da es ja schließlich im Interesse eines jeden glücklichen Menschen liegt, einen glücklichen Zustand zu wahren und man folglich nicht untätig sein wird. Auch leidvolle Momente treiben Menschen oft in Untätigkeit und Resignation, meist dann, wenn man sich mit der schmerzlichen Lage „abgefunden" hat.

Gehen wir zum Schluss noch einmal auf die am Anfang genannten vier wesentlichen Bedeutungen des Glücks ein. Auf den ersten Blick scheinen ihre Erklärungen recht plausibel, doch bei genauerer Betrachtung kann auch diesen Kritik entgegengehalten werden.

Das anfangs genannte *Glückserlebnis* mag zwar ausschließlich enorm positive Gefühle bei uns Menschen hervorrufen, allerdings kann eine Person, die ein oder mehrere Glückserlebnisse in ihrem Leben erfahren durfte, meiner Meinung nach nicht zwangsweise als glücklicher Mensch betrachtet werden. Als ein Beispiel, das die meisten Menschen früher oder später betrifft, eignet sich hier die Geburt des eigenen Kindes. Nach dem Durchstehen einiger Schmerzen und auch Ängsten, ist der Moment, in dem das Kind die Welt erblickt, ein unwahrscheinliches Glückserlebnis für die Eltern. Fragt man frische Eltern nach dem Empfinden bei der Geburt, so bekommt man sehr häufig genau diese Art des Glücks beschrieben. Auch meine eigene Befragungen einiger Personen rund um das Thema „Glück", die ich der Arbeit beigefügt habe und im folgenden Teil noch weiter darauf eingehen werde, enthalten ganz häufig die Geburt der eigenen Kinder als Antwort auf die Frage nach dem Zeitpunkt, an sie sich für richtig glücklich gehalten haben. Das dauerhafte Glück wird auch nach Ginters nicht dadurch erreicht, indem vielfältige und zahlreiche Glückserlebnisse summiert oder angehäuft werden. Trotzdem meint er, dass ohne jegliches Glückserlebnis auch kein dauerhaftes Glück bestehen kann. Zwar vertiefen und steigern Erfahrungen großer Freude eine andauernde

Zufriedenheit, doch auch hier gilt, dass Glückserlebnisse zwar zureichende, jedoch keine hinreichende Bedingung für ein dauerhaft glückliches Leben darstellen.[118]

Der *Glückszustand,* man kann diesen auch die *Lebensfreude* nennen, kann durchaus als etwas in sich Gutes beschrieben werden, da es ohne jegliche Freude kein gelungenes Leben und somit keine Moralität geben kann. Dabei muss allerdings betont werden, dass nicht ein rein subjektives Empfinden der Freude, ganz unabhängig von ihrer Motivation, als gut geheißen werden kann, sondern ausschließlich die Freude, die sich auf diejenige Motivation stützt, die letzten Endes auf etwas in sich Gutes gerichtet ist. Die Freude muss, so wie auch das Glück, in Dingen begründet sein, die bereits in sich selbst Gutes bedeuten. Andernfalls wären sogar die masochistische Freude oder auch die Schadenfreude erstrebenswerte Ziele. Dadurch wird nun erkenntlich, dass auch die Freude einen Wert zweiter Ordnung darstellt, also kein direktes Ziel unseres Strebens ist, sondern ein Mittel zu dessen Erfüllung. Beispielsweise möchte man einer geliebten Person nicht aus dem Grund nahe kommen, weil man sich darüber freuen möchte. Die Freude tritt genau dann ein, indem man diesem Menschen nahe kommt. Auch versucht man etwas nicht deshalb zu verstehen, weil man sich über die erlangte Einsicht freuen möchte, sondern eine Person freut sich dann, wenn das Streben nach Erkenntnis erfüllt werden kann.[119]

Betrachtet man in Bezug auf das Glück als *Inbegriff alles Guten* die Tatsache genauer, dass hier die objektive und nicht die subjektive Freude oder Zufriedenheit im Mittelpunkt steht, so könnte dahingehend auch behauptet werden, dass auch ein Märtyrer als glücklicher Mensch bezeichnet werden kann. Doch auch in modernen Theorien lebt dieser Gedanke fort. Der Utilitarist John Stuart Mill meint, dass das größtmögliche Glück der größtmöglichen Zahl nicht mit der größtmöglichen subjektiven Zufriedenheit erreicht werden könne, sondern eben in einem objektiven Sinn. Es ist daher beinahe unbestreitbar, dass eine sehr primitive und beschränkte Person, trotz eines eher geringen Besitzes an Glücksfähigkeiten, eine sehr gute Chance habe, sich am subjektiven Glück erfreuen zu können. Hingegen empfindet ein Anderer, der größere oder höhere Glücksfähigkeiten besitzt, dass das allgemeine bzw. weltliche Glück immer unvollkommen sein werde. Obwohl ersterer die subjektive Zufriedenheit erlangt, behauptet Mill, der zweite

---

[118] Vgl. Ginters, Rudolf (1982): Werte und Normen. Einführung in die philosophische und theologische Ethik, S. 223 f.

[119] Vgl. Ebd. S. 230 f.

sei glücklicher und zufriedener, und zwar aus dem Grund, weil dieser das Glück oder die Lebensfreude in einem rein objektiven Sinn zu verstehen weiß. Mill formulierte dazu Folgendes: *„Es ist besser, ein unzufriedener Mensch zu sein als ein zufrieden gestelltes Schwein; besser ein unzufriedener Sokrates als ein zufriedener Narr. Und wenn der Narr oder das Schwein anderer Ansicht sind, dann deshalb, weil sie nur die eine Seite der Angelegenheit kennen"* (Mill 1991:13 f.), und damit meint er die subjektive Zufriedenheit. Die andere Partei kenne dagegen beide, d.h. die subjektive *und* objektive Seite.[120]

Neben diesen vier Arten des Glücks existiert noch eine fünfte (die ich in diesem Zusammenhang jedoch nicht von großer Wichtigkeit hielt), nämlich die im Sinne von *Glück haben*. Derjenige, der im Lotto gewinnt oder bei spiegelglatter Straße knapp einem Sturz entkommt, der kann behaupten, er hätte Glück gehabt. Das Schicksal meinte es enorm gut mit ihm, die Umstände lagen für ihn mehr als günstig. Dies ist jedoch nicht zu verwechseln mit dem Glücksgefühl, denn wer Glück gehabt hat, wird nicht notwendigerweise auch ein Glückserlebnis erfahren.[121]

7. Auswertung eigener Befragungen

Wie bereits erwähnt, habe ich auch eigens einige Personen in einem selbst formulierten Fragebogen nach ihrer Auffassung des Glücks befragt. Mein Ziel dieser Befragung war vordergründig, eventuelle Parallelen zum antiken Glücksbegriff zu belegen. Dabei habe ich bei der Formulierung meiner Fragen ganz bewusst sowohl von dem Wortlaut „Moral" als auch von einer konkreten Fragestellung über moralisches Handeln bzw. Verhalten abgesehen mit der Erwartung, die Befragten würden von sich aus viel Wert auf die Moral bzw. auf Rücksicht Anderer legen. Doch das Ergebnis der erhaltenen Antworten enthielten mit keiner Silbe das Wort „Moral", „moralisch" o.Ä. Die Auswertung der Fragebögen ergaben, dass für das persönliche Glück eines jeden Einzelnen vor allem die Elemente Familie, Liebe und Freunde sehr wichtig sind. Der Mensch als „Rudeltier", als ein in einer Gemeinschaft lebendes Individuum, der in der Liebe und in der Familie Kraft tanken kann und so sein kann, wie er wirklich ist, unabhängig von gesellschaftli-

---

[120] Vgl. Ginters, Rudolf (1982): Werte und Normen. Einführung in die philosophische und theologische Ethik, S. 222 f.

[121] Vgl. Ebd., S. 222

chem Druck oder Konventionen. Weniger Priorität haben Bildung, Geld und Sexualität. Geld wird als Faktor zwar immer wieder genannt, allerdings eher im dem Zusammenhang, dass Geldsorgen oder „Jeden Cent umdrehen müssen" das Glück beeinträchtigen. Dass der Zustand des Geldsorgen-freien Lebens ein Beitrag zum persönlichen Glück ist, steht außer Frage, denn gerade in der kapitalistischen Gesellschaft erleichtert Geld vieles und schafft keine zusätzlichen Sorgen. Geld und finanzielle Unabhängigkeit wird bei den Befragten vor allem erst dann wichtig, wenn eigene Kinder in ihr Leben treten oder die eigene Familienplanung konkrete Formen annimmt. Für viele ist die Geburt der eigenen Kinder auch der angegebene größte Glücksmoment. Dies ist nicht verwunderlich, da mit der Geburt der eigenen Kinder ein völlig neuer Lebensabschnitt beginnt. Für das persönliche Glück ist die Liebe bzw. ein fester Partner oder eine intakte Beziehung sehr wichtig. Dies lässt vermuten, dass der Mensch sein Leben gerne teilt, seien es positive oder negative Erfahrungen. Die Zweierbeziehung und die Liebe als geteiltes Leid und doppeltes Glück. Die Liebe oder der/die Eine sind auch oft Antworten wenn es darum geht, was zum persönlichen Glück noch fehle.

Die Fragebögen ergaben außerdem, dass sich die Mehrheit der Befragten für das Glück anderer (meist Partner, Freunde, Familie) verantwortlich fühlen und auch zum Glück anderer Menschen beigetragen haben. Es ist eine Art „Geben und Nehmen", d.h. man möchte den Mitgliedern der Familie, den Freunden oder dem Partner zum Glück verhelfen und für sie da sein. Genauso möchte man sich aber auch auf diese verlassen können, wenn man unglücklich ist. An dieser Stelle kann man vielleicht behaupten, hinter den hier gegebenen Antworten stecke die Moral bzw. ein Rücksichtnehmen auf Mitmenschen, konkret niedergeschrieben wurde dies jedoch nicht. Einstimmig wird auch der Umgang mit Unglück zur Persönlichkeitsbildung und zum Erkennen von eigenem Glück angegeben. Unglücklich sein und Unglück sind demnach wichtige Faktoren für das eigene Erkennen von Glück. Die schwierigste Frage war mit Abstand, ob man für sein Glück selbst verantwortlich ist. Dies sehen die meisten Befragten als ein „Jein". Ja, jeder ist sein Glückes Schmied und für sein Glück eigenverantwortlich und nein, da es auch viele äußere Einflüsse bzw. Faktoren wie Gesellschaft, Geld und Umwelt einen großen Einfluss auf das persönliche Glück nehmen. Die Mehrheit ist außerdem der Meinung, dass man als Kind glücklicher war. Dies wird begründet mit einer naiven Unbefangenheit, weniger Sorgen und keinen essentiellen Problemen. Dem Kind werden die Sorgen durch die Eltern abgenommen, es kann sich ganz auf seine Entwicklung konzentrieren, spielen, phantasieren und einfach nur Kind sein.

8. Schluss

Geht es nach Platon, so wird das Glück realisiert, indem wir Menschen genau das tun, wozu wir von Natur aus begabt sind, wodurch eine rechte Ordnung gewährleistet wird. Die Führung der Polis soll die Aufgabe der wahrhaften Philosophen sein, welche die göttliche Ordnung in vernünftiger Einsicht begreifen können. Ein ähnliches Bild zeichnet auch Aristoteles. Er vertritt die Idee, der Mensch besäße wie jedes Wesen eine spezifische Fähigkeit, bei der erst ihre Verwirklichung ein gutes und glückseliges Leben ermöglicht. Diese spezifische Fähigkeit des Menschen meint die Vernunft mit der Form ihres Gebrauchs. Ob dieser im praktischen, politischen oder philosophischen Leben statt findet, hängt wiederum davon ab, worauf die einzelne Person sich besonders gut verstehe. Laut Aristoteles handelt der vollendete Mensch aus sittlicher Motivation sittlich-politisch und nutzt außermoralische Güter der Praxis willen. Der Mensch vollzieht Theoria, die Denkfähigkeit, als beste menschliche Tätigkeit und empfindet diese gleichzeitig als ein Kriterium für die Wahl außermoralischen Güter. Die vollständige Tugend ergibt sich aus den Teiltugenden, der Weisheit (*sophia*) und der sittlich-praktische Urteilsfähigkeit (*phronesis*). Daraus ergibt sich das menschliche Glück. Kant meint im Gegensatz zu den beiden antiken Philosophen, eine Handlung sei nur aufgrund ihrer Verpflichtung moralisch. Eine Handlung soll also ohne Absicht, Zweck oder Ansicht des Objekts nur aus der Pflicht heraus geschehen. Diese Pflicht soll unter der Achtung des Sittengesetzes, d.h unter der Achtung des Kategorialen Imperativs, erfüllt werden. Das Entwicklungsmodell nach Lawrence Kohlberg beweist, dass bereits Kinder durch Autoritäten, vor allem durch die Eltern, sehr schnell ein moralisches Verhalten erlernen und sich dieses mit dem Heranwachsen weiterentwickelt. Seine Theorie geht davon aus, dass sich das Moralbewusstsein beim Menschen stufenweise in immer derselben Reihenfolge entwickelt, wobei nicht alle Menschen die höheren Stufen des Moralbewusstseins erreichen. Geht es um die Frage, aus welchen Gründen bzw. Motiven der Mensch moralisch handelt, so besitzen der Internalismus und der Externalismus zwei unterschiedliche Meinungen. Während Internalisten meinen, eine Person habe stets eine internes Motiv für moralisches Handeln, gehen Externalisten davon aus, dass ein Motiv von außen gegeben sein muss. Empathie, Verpflichtung, Egoismus, Mitleid u.a. gelten dabei als externe Motive. Doch nicht nur äußere Motive sind entscheidend für menschliches, moralisches Handeln, sondern auch der Besitz eines freien Willens.

Insgesamt betrachtet bin ich der Meinung, dass derjenige, der moralisch handelt, nicht zwangsweise auch rundum glücklich oder zufrieden genannt werden kann, also ein gelingendes und glückseliges Leben führt. Auch nicht jeder, der (wenn auch nur zeitweise) ein zufriedenes oder gar glückliches Leben führt, ist dies nicht automatisch aus dem Grund, weil er sich absolut moralisch verhält. Ausschlaggebend ist nämlich, dass eine (minimalistische) Moralität die Grundbedingung für die Glückseligkeit eines jeden moralischen Adressaten sichert. Damit meine ich vor allen Dingen moralisches Engagement im Sinne der goldenen Regel „Was du nicht willst, das man dir tu, das füg' auch keinem anderen zu“, auf das in unserer Gesellschaft absolut nicht verzichtet werden sollte. Für mich persönlich bedeutet das nun, immer im Einklang mit mir selbst, meinen Mitmenschen, der Natur und mit meinem Leben zu sein sowie sittlich gut und richtig zu handeln. Wer also das Ziel der Eudaimonie bestrebt, besitzt demnach plausible Gründe, allgemeingültiges, moralisches Engagement zu zeigen, ohne die Garantie, durch das Moralischsein das absolute Lebensglück zu erreichen. Die Frage „Was soll ich tun, dass ich moralisch richtig handle?“ kann jedoch nicht als völlig unabhängig von der Frage „Was soll ich tun, damit ich glücklich werde?“ betrachtet werden. Im Wesentlichen kommt es darauf an, was wir unter Glück verstehen. Moral macht weder gesünder noch reicher, bisweilen verschafft sie jemanden vielleicht Anerkennung bei Anderen. Im Regelfall garantiert sie jedoch für Anerkennung vor sich selbst. D.h. durch moralisches Handeln verschafft man sich keinen materiellen Vorteil, jedoch ein positives Selbstbild oder besser einen „inneren Frieden“ bzw. ein „Mit-sich-im-Reinen-sein.“ Eine strikte Trennung von Glück und Güte erweist sich für mich letztendlich als unbegründet, ganz unabhängig davon, ob sie nach wie vor einen weiteren Verlauf einer ethischen Diskussion markieren. Oft treiben uns bestimmte Umstände dazu, etwas von unserem Glück oder vielleicht gar von unserer Gesundheit zu opfern. In Extremfällen opfern wir sogar unser Leben für die Tugend.

Wenn wir unsere Handlungen mit Platons, Aristoteles' oder Kants Forderungen abstimmen, ist es wohl möglich, sowohl darauf bedacht zu sein, das Gute durchzusetzen, als auch ein guter Mensch zu werden. Allerdings beschränken sich die meisten Menschen vielmehr darauf, gute Menschen zu sein und versuchen nicht, das Gute zu definieren und zu erreichen, da dies im alltäglichen Leben einfacher und auch mit weniger Problemen behaftet ist. Menschen treffen viele moralische Entscheidungen aus dem Bauch heraus und können diese nicht rational rechtfertigen. Kleinkinder helfen und teilen umstandslos und beginnen erst mit dem Heranwachsen, ihren Altruismus selektiver einzusetzen. Es scheint, als hätten die Menschen irgendwann gemerkt, dass es besser ist zusammenzuhalten, auch wenn man nicht miteinander verwandt oder liiert ist. Inzwischen bestätigen auch evolutionäre Modelle, dass es besser sei, Vertrauen zu schenken und ab und an übers Ohr gehauen zu werden, als immerzu misstrauisch zu sein und dadurch eventuell gute Gelegenheiten zur Zusammenarbeit zu verpassen. Das heißt nun aber nicht zwangsweise, dass uns Menschen ein kooperatives Verhalten genetisch vorgegeben ist. Eher beruht dies auf sozialen Normen. Solange Menschen nicht zu viel nachdenken, neigen sie automatisch dazu, nett und hilfsbereit zu sein.

Literaturverzeichnis

Primärliteratur:

Aristoteles (2009): Nikomachische Ethik, Anaconda Verlag (Köln)

Aristoteles (1985): Nikomachische Ethik, 4. überarbeitete Auflage, Felix Meiner Verlag (Hamburg)

Kant, Immanuel (1998): Kritik der praktischen Vernunft, Meiner Verlag (Hamburg)

Kant, Immanuel (2000): Grundlegung zur Metaphysik der Sitten, (Frankfurt am Main)

Kohlberg, Lawrence (1996): Die Psychologie der Moralentwicklung, Suhrkamp Verlag (Frankfurt am Main)

Mill, John Stuart (1991): Der Utilitarismus, Reclam Verlag (Stuttgart)

Nietzsche, Friedrich (1988): Jenseits von Gut und Böse. Zur Genealogie der Moral, Colli, Giorgio/Montinari, Mazzino, Kritische Studienausgabe, Band 5 (München)

Platon (1986): Chamides, Griechisch/Deutsch, Reclam Verlag (Stuttgart)

Platon (1982): Der Stadtstaat, Reclam Verlag (Stuttgart)

Platon (2011): Gorgias, Griechisch/Deutsch, Übers. Erler, Michael, Reclam Verlag (Stuttgart)

Platon (2013): Menon, Griechisch/Deutsch, Übers. Zekle, Else, 3. überarbeitete Auflage Felix Meiner Verlag (Hamburg)

Platon (2004): Protagoras, Griechisch/Deutsch, Übers. Krautz, Hans-Wolfgang, Reclam Verlag (Stuttgart)

Schopenhauer, Arthur (2007): Über die Grundlage der Moral, Diogenes (Hamburg)

Sekundärliteratur:

Baumgartl, Franzjörg (1997): Theorien der Sozialisation. Erläuterungen, Texte, Arbeitsaufgaben, 3. Auflage, Klinkhardt Verlag (Bad/Heilbrunn/Obb.)

Baurmann, Michael/Kliemt, Hartmut (2011): Texte und Materialien für den Unterricht. Glück und Moral, Reclam Verlag (Stuttgart)

Bayertz, Kurt (2006): Warum überhaupt moralisch sein?, C.H. Beck ohG (München)

Bergson, Henri (1932): Die beiden Quellen der Moral und der Religion, Fischer Taschenbuch (München)

Birnbacher, Dieter (2007): Analytische Einführung in die Ethik, 2. überarbeitete Auflage, Walter de Gruyter Verlag (Berlin)

Bloch, Kurt (1984): Das Prinzip des Guten, Richarz Verlag (Sankt Augustin)

Burkard, Franz-Peter/Kunzmann, Peter/Wiemann, Franz (2009): dtv-Atlas Philosophie, 14. überarbeitete Ausgabe, Deutscher Taschenbuchverlag (München)

Dalferth, Ingolf/Hunziker, Andreas (2007): Mitleid, Mohr Siebeck Verlag (Tübingen)

Dworkin, Ronald (2012): Gerechtigkeit für Igel, Suhrkamp Verlag (Sinzheim)

Erpenbeck, John (1993): Wollen und Werden. Ein psychologisch-philosophischer Essay über Willensfreiheit, Freiheitswillen und Selbstorganisation, Bd. 18 (Konstanz)

Forschner, Maximilian (1996): Über das Glück des Menschen: Aristoteles, Epikur, Stoa, Thomas von Aquin, Kant, 2. Auflage, Primus Verlag (Darmstadt)

Fischer, Johannes/Gruden, Stefan (2010): Die Struktur der moralischen Orientierung. Interdisziplinäre Perspektiven, Band 18, LIT Verlag (Berlin)

Fischer, Peter (2003): Einführung in die Ethik, Utb Verlag (München)x

Frankena, William K. (1958): Obligation and Motivation in Recent Moral Philosophy, In: K. E. Goodpaster (Hg. 1976): Perspectives on Morality. Essays by William K. Frankena, (Notre Dame/London)

Ginters, Rudolf (1982): Werte und Normen. Einführung in die philosophische und theologische Ethik, Vandenhoeck & Ruprecht (Göttingen)

Hallich, Oliver (1988): Mitleid und Moral. Schopenhauers Leidensethik und die moderne Moralphilosophie, Königshausen und Neumann (Würzburg)

Hirsch, Mathias (2012): Schuld und Schuldgefühl: Zur Psychoanalyse von Trauma und Introjekt, Vandenhoeck & Ruprecht (Göttingen)

Höffe, Otfried (2007): Lebenskunst und Moral oder macht Tugend glücklich? C.H. Beck oHG (München)

Kather, Regine: Gelebte Zeit und schöpferisches Werden - Henri Bergson (1859-1941), In: Glück und Leben (1990), S. 20-36

Keller, Christoph (1976): Das Theologische in der Moraltheologie. Eine Untersuchung historischer Modelle aus der Zeit des deutschen Idealismus, Band 17, Vandenhoeck&Ruprecht Verlag (Göttingen)

Kirchner, Friedrich/Michaelis, Carl (1907): Wörterbuch der Philosophischen Grundbegriffe, Verlag der Dürr'schen Buchhandlung (Leipzig)

Kohlberg Lawrence (1996): Die Psychologie der Moralentwicklung, Suhrkamp Verlag (Frankfurt am Main)

Koop, Hugo (1940): Über die Lehrbarkeit der Tugend. Untersuchungen zum platonischen und nachplatonischen Problem des Lehrens und Lernens (Würzburg-Aumühle)

Leiber, Theodor (2006): Glück, Moral und Liebe. Perspektiven der Lebenskunst, Königshausen&Neumann (Würzburg)

Lotter, Maria-Sibylla (2012): Scham, Schuld, Verantwortung: Über die kulturellen Grundlagen der Moral, Suhrkamp Verlag (Berlin)

Mendl, Hans (2012), Religionsdidaktik kompakt, 2. überarbeitete Auflage, Kösel Verlag (München)

Mietzel, Gerd (2002): Wege in die Entwicklungspsychologie. Kindheit und Jugend, Beltz Verlag (Weinheim)

Montada, Leo (2002): Moralische Entwicklung und moralische Sozialisation, In: Oerter, R. & Montada, Leo (Hrsg.), Entwicklungspsychologie, Beltz Verlag (Weinheim)

Müller, Thomas (2009): Unternehmensethik und Corporate Citizenship, Diplomica-Verlag (Hamburg)

Nagl-Docekal, H./Pauer-Studer, H. (1993): Jenseits der Geschlechtermoral. Beiträge zur feministischen Ethik, Fischer Verlag (Frankfurt am Main)

Pape, Wilhelm (1954): Griechisch-deutsches Handwörterbuch, 3. Auflage, Band 1, Nachdruck, Akademische Druck- und Verlagsanstalt (Graz)

Precht, Richard David (2011): Warum gibt es alles und nicht nichts? Ein Ausflug in die Philosophie, Goldmann Verlag (München)

Röhr, Reinhard (1985): Mitleid und Einsicht. Das Begründungsproblem in der Moral-philosophie Schopenhauers, Lang Verlag (Frankfurt am Main)

Schneider W./Knopf M.(2003), Entwicklung, Lehren und Lernen: Zum Gedenken an Franz Emanuel Weinert, Hogrefe Verlag (Göttingen)

Seanor, Douglas (1988): Hare and Critics: Essays of Moral Thinking, Clarendon Press (Oxford)

Speamann, Robert (1933): Glück und Wohlwollen - Versuch über Ethik, Klett-Cotta, (Stuttgart)

Spaemann, Robert (2009) Moralische Grundbegriffe, 8. Auflage, C.H. Beck oHG (München)

Stemmer, Peter: Aristoteles' Glücksbegriff in der Nikomachischen Ethik. Eine Interpretation von EN I, 7. 1097b2-5. Phronesis 37 (1):85-110 (1992)

Stemmer, Peter: Der Grundriss der platonischen Ethik: Karlfried Gründer zum 60. Geburtstag, In: Zeitschrift für philosophische Forschung, 42 (4), S.329-369 (1988)

Shweder, R.A./Mahapatra, M./Miller, J.G. (1987): Culture and moral development, in: Kagan, J./Lamb S.: The emrgence of morality in young children, University of Chicago Press (Chicago)

Szlezák, Thomas Alexander: Das Höhengleichnis, In: Höffe, Ottfried (2005): Politeia, Akademie Verlag (Berlin), S. 205-228

Thomä, Dieter (2006): Totalität und Mitleid, Suhrkamp Verlag (Frankfurt am Main)

Trepel Martin (1999): Neuroanatomie - Struktur und Funktion, Urban & Fischer Verlag (München)

Vöneky, Silja (2010): Recht, Moral und Ethik. Jus publicum. Beiträge zum Öffentlichen Recht, Band 198, Mohr Siebeck Verlag (Tübigen)

Weiper, Susanne (2000): Triebfeder und höchstes Gut. Untersuchungen zum Problem der sittlichen Motivation bei Kant, Schopenhauer und Scheler, Königshausen und Neumann (Würzburg)

Williams, Bernard: Plato against the Immoralist (Book II357a-367e), In: Höffe, Otfried (2011): Politeia, 3. überarbeitete Auflage, Akademie Verlag (Berlin)

Wolf, Jean-Claude (2011): Das Böse, Walter de Gruyter Verlag (Berlin)

Lexika

Höffe, Otfried (2005): Aristoteles-Lexikon, Alfred Kröner Verlag (Stuttgart)

Prechtl, Peter/Burkhard, Franz-Peter (Hrsg./2008): Metzler Lexikon; Philosophie, 3. Auflage, J.B. Metzler (Stuttgart)

Abkürzungsverzeichnis

bspw.	beispielsweise
bzw.	beziehungsweise
ca.	circa
d.h.	das heißt
etc.	ecetera
o.Ä.	oder Ähnliches
u.a.	uns anderes
usw.	und so weiter
z.B.	zum Beispiel